ARNO BACKHAUS

Woran starb das Tote Meer?

Widersprüchliches zum Lach(denk)en

Von **Abkürzungen** bis **Zebrastreifen**

Brendow.
VERLAG + MEDIEN

INHALT

Für eine **Abkürzung,** sagte der Wanderer, ist mir kein Weg zu weit.

Alkohol ist das beste Lösungsmittel: Es löst die Zunge, es löst Ehen, es löst Familien, es löst Arbeitsstellen.

Was haben die Olympischen Spiele und das Oktoberfest in München gemeinsam? Eine Menge Menschen laufen der eigenen Fahne hinterher.

Realität ist eine Illusion, die durch Alkoholmangel hervorgerufen wird.

Der **Alltag** ist der natürliche Feind des Helden.

Das **Alter** hat eigentlich keine Bedeutung, es sei denn, man ist zufällig ein Käse.

Wer keine Falten hat, hat nichts erlebt.

Wer mit einem zerknitterten Gesicht aufwacht, hat den Tag über genug Entfaltungsmöglichkeiten.

Lieber würzig mit vierzig als ranzig mit zwanzig.

Älter werden ist die einzige Möglichkeit, länger zu leben.

Viele möchten leben, ohne zu altern, und sie altern in Wirklichkeit, ohne zu leben.
Alexander Mitscherlich

Es ist nicht gesagt, dass es besser wird, wenn es **anders** wird. Wenn es aber besser werden soll, muss es anders werden. *Georg Ch. Lichtenberg*

Zweifel nicht an dem, der dir sagt, er hat **Angst**, aber hab Angst vor dem, der dir sagt, er kennt keine Zweifel. *Erich Fried*

Die Arbeit läuft dir nicht davon, wenn du einem Kind einen Regenbogen zeigst, aber der Regenbogen wartet nicht, bis du mit der Arbeit fertig bist.

Wenn zwei Menschen immer die gleichen **Ansichten** haben, ist einer von ihnen überflüssig.
Winston Churchill

Arbeit ist ganz schön, aber es geht dabei auch viel Freizeit verloren.

Wer immer arbeitet wie ein Pferd, fleißig ist wie eine Biene und abends müde ist wie ein Hund, der sollte zum Tierarzt gehen, vielleicht ist er ein Kamel.

Keiner weiß, was er kann, aber alle nennen ihn Chef.

Wer nachts schläft, muss sich nicht wundern, wenn er tagsüber arbeiten muss.

Solange mein Chef tut, als würde er mich richtig bezahlen, solange tue ich, als würde ich richtig arbeiten.

> Was kann ein Tag schon bringen, der mit **Aufstehen** anfängt?

Leute, die niemals mehr machen als das, wofür sie bezahlt werden, werden auch nie mehr bezahlt bekommen für das, was sie machen.

Damit immer mehr immer weniger zu tun brauchen, müssen immer weniger immer mehr tun.

Wenn du bist, was du tust, dann bist du nichts, wenn du nichts mehr tun kannst.

Die meisten Aufgaben lösen sich von selbst, man darf sie nur nicht dabei stören.

Zwei Minuten dumm stellen erspart oft eine Stunde Arbeit.

Wenn man alles aus dem **Ärmel** schüttelt, wird es irgendwann ärmlich.

Es gibt wenige, die werden immer reicher, und die **Armen** werden immer zahlreicher.

Gott sei Dank bin ich **Atheist**!

Wenn man morgens **aufwacht**, sollte man wissen, wofür.

Natürlich kann man mit jedem Menschen **aus-kommen**. Das sieht man ja an sich selbst.

In jedem Urlaub werden Millionen Deutsche zu **Ausländern.**

Alles, außer gewöhnlich.

Sei **authentisch!** – authe dich, bevor andere das tun …

B

Bäume sind Gedichte, die die Erde in den Himmel schreibt. *Khalil Gibran*

Der Wald wäre sehr leise, wenn immer nur die **begabtesten** Vögel singen würden.

Wo die Pferde versagen, schaffen es die Esel.

Selig sind, die einen Berg von einem Maulwurfshügel unterscheiden können.

Papst Johannes XXIII

Sie verabschiede-ten sich, als seien sie sich wirklich **begegnet**.

Wer mich **beleidigt**, das bestimme allein ich.

Wir sind zu allem **bereit**, aber wir sind zu nichts zu gebrauchen.

Die **Berge**, die du nicht versetzen kannst, musst du ersteigen. *R. A. Schröder*

Bitterkeit ist ein Gift, mit dem ich den anderen töten will, das ich aber selbst trinke.

Wenn man seinem Nächsten einen steilen Berg hinaufhilft kommt man selbst dem Gipfel näher. *John C. Cornelius*

Bergsteigen ist die Kunst, auf dem Umweg über einen Gipfel unter Lebensgefahr zu der Stelle zurückzukehren, an der man sich sowieso schon befunden hat.

Bescheiden können nur die Menschen sein, die genug Selbstbewusstsein haben. *Gabriel Laub*

Wer nach dem Prinzip lebt „Lieber ein wackeliger Barhocker als eine feste **Beziehung**", muss sich nicht wundern, wenn nicht nur seine Beziehungen den Bach runtergehen.

Wer liebt dich so, wie du **Biest**?

Bio? logisch!

You can **bomb** the world into pieces, but you cannot bomb the world into peace. *Michael Franti*

Wir sitzen alle in einem **Boot**: die einen rudern, die anderen angeln.

Ein **Buch** in der Hand ist besser als eine Antenne auf dem Dach.

In der Tat ist ein Buch, das es nicht wert ist, zweimal gelesen zu werden, auch nicht wert, dass man es einmal liest. *Karl Julius Weber*

Vielleicht treiben es deshalb viele so **bunt**, weil sie so farblose Persönlichkeiten sind.

C

C

Lieber ein kreativer, konstruktiver und liebevoller **Chaot** als ein langweiliger, zwanghafter Ordnungsfanatiker.

Den **Charakter** eines Menschen erkennt man an den Scherzen, die er übel nimmt.
Christian Morgenstern

Mein Tun prägt meinen Charakter, und mein Charakter hat Einfluss auf meine Seele.

Lieber ein überzeugter Atheist als ein esoterischer **Christ**.

Auch **Clowns** wollen ernst genommen werden.

Charakter bildet sich durch zwei kleine Worte: ja und nein.

Man kann nie so blöd denken, wie sich manche **Computeranwender** geben.

Wer immer **cool** ist, erkältet sich irgendwann.

D

Wie schön, dass du **da** bist – und nicht hier.

Dankbarkeit trägt das Gute der Vergangenheit in die Gegenwart.

Dankbarkeit ist das Gedächtnis des Herzens.

Bei uns kann jeder **denken**, was er will, auch wenn er nicht denken kann.

Wir sind ein Volk von Denkern. Wir denken immer, was wohl die anderen von uns denken.
Gerhard Uhlenbruck

Manche Menschen würden eher sterben als nachdenken. Und sie tun es auch. *Bertrand Russell*

Die Probleme, die es in der Welt gibt, können nicht mit den gleichen Denkweisen gelöst werden, die sie erzeugt haben. *Albert Einstein*

Mit leerem Kopf nickt es sich leichter. *Žarko Petan*

Schüler können denken, was sie wollen, sie dürfen bloß nicht wollen, was sie denken.

Viele Gedenkminuten hätten durch Denkminuten verhindert werden können. *Hoimar von Ditfurth*

Wenn der **Deutsche** hinfällt, steht er nicht auf, sondern sieht sich um, wer schadenersatzpflichtig ist. *Kurt Tucholsky*

Das deutsche Schicksal: vor einem Schalter zu stehen. Das deutsche Ideal: hinter einem Schalter zu sitzen. *Kurt Tucholsky*

Beschlagen sein ist das Gegenteil von behämmert sein.

Die Made hält ihren Käse für die Welt.

Das ist der ganze Jammer: Die **Dummen** sind so sicher und die Gescheiten so voller Zweifel.
Bertrand Russell

Die schlimmste Eigenschaft der Dummen ist ihre Logik.

Ein Mensch, der keine Dummheiten macht, macht auch nichts Gescheites.

Der Ärger mit den meisten Leuten ist nicht so sehr ihre Unwissenheit, sondern dass sie so viele Dinge wissen, die nicht so sind.

Lieber heimlich schlau als unheimlich dumm.

Die letzte Stimme, die man hört, bevor die Welt untergeht, wird die Stimme der Experten sein, die sagen: „Das ist technisch unmöglich!"

E

Das Glück der **Ehe** hängt nicht so sehr davon ab, ob ich den rechten Ehepartner habe, sondern vielmehr davon, ob ich der rechte Ehepartner bin.

Ich trete ein für Ehe-rotik.

Leben Verheiratete länger, oder kommt ihnen das nur so vor?

In der Ehe ziehen sich nicht Gegensätze an, sondern aus!

Wie hast du deine Frau kennengelernt? Ich habe sie geheiratet.

Aus der Ehe ist eine GmbH geworden: eine Gemeinschaft mit beschränkter Haltbarkeit.

Wer glücklich werden will, darf nicht heiraten; nur wer glücklich machen will.

Man ist erst richtig verheiratet, wenn man jedes Wort wahrnimmt, das die Frau nicht sagt.

Eifersucht ist eine Leidenschaft, die mit Eifer sucht, was nichts als Leiden schafft.

Eltern und Lehrer haben die Aufgabe, sich schrittweise überflüssig zu machen.

Mamis und Papis kann man sich nicht aussuchen. Plötzlich sind sie da, und du musst mit ihnen auskommen.

Auf der **Erde** zu leben mag teuer sein, aber es schließt einen Freiflug rund um die Sonne mit ein.

Das größte Problem des Raumschiffs Erde sind seine First-Class-Passagiere.

Wir gehen mit der Welt um, als hätten wir eine zweite in der Schublade.

Die Natur schreibt keinen Abschiedsbrief. Sie ist dann einfach nicht mehr da.

> Die Frage ist heute, wie man die Menschen überreden kann, in ihr eigenes Überleben einzuwilligen.
>
> *Bertrand Russell*

Erfolg haben heißt einmal mehr aufstehen, als man hingefallen ist. *Winston Churchill*

Man kann niemanden überholen, wenn man in seine Fußstapfen tritt. *François Truffaut*

Wir sollen die Müden **ermutigen**, nicht die Mutigen ermüden.

Bei uns kann man vom Fußboden **essen**, da findet man immer etwas.

Kalorien sind kleine nette Tierchen, die nachts in deinen Kleiderschrank krabbeln und unauffällig deine Kleider enger nähen.

„Manche essen wie ein Rotkehlchen." „Was, so wenig?" „Nein, das Doppelte ihres Körpergewichts!"

Libero als gekocht.

Manchmal merkt man erst, wenn ein Gegenstand auf den Boden fällt, dass man dringend Bewegung braucht.

Stell dir vor, es ist **Evolution** – und keiner macht mit!

Wenn du in der Metzgerei vor der Theke stehst, ist das ein evolutionärer Glücksfall.

Stammen sie ruhig vom Affen ab, aber bitte benehmen sie sich nicht so!

Der Mensch stammt nicht vom Affen ab, viel schlimmer, von Staub!

Stumpft der Mensch vom Gaffen ab?

Fantasie ist etwas, was sich manche Menschen gar nicht vorstellen können. *Gabriel Laub*

Faulheit ist die Kunst, sich auszuruhen, bevor man müde wird. *Jules Renard*

Jeder **Fehler** erscheint unglaublich dumm, wenn andere ihn begehen. *Georg Christoph Lichtenberg*

> Der größte Fehler, den wir machen, ist nicht, dass wir Fehler machen, sondern dass wir aus Angst vor Fehlern nichts machen.

Wer viel arbeitet, macht viele Fehler; wer wenig arbeitet, macht wenig Fehler.

Stellt ein **Feind** sich dir entgegen – schenk ihm Lob und Preis und Segen. Und dann lass ihn ziehen seiner Wegen.

Auch den letzten Traum zerstört das **Fernsehen**: Es ist kein Vorteil mehr, Analphabet zu sein.

Seht euch in die Augen, nicht in die Glotze.

Fortschritt nennt man den Vorgang, bei dem es durch angestrengte Arbeit schließlich gelingt, so wenig tun zu müssen, wie die Naturvölker schon immer getan haben. *David Frost*

Manche **Frauen** tun für ihr Äußeres Dinge, für die ein Gebrauchtwagenhändler ins Gefängnis käme.

Frauen machen sich nur deshalb schön, weil das Auge des Mannes besser entwickelt ist als sein Verstand.
Doris Day

Alles, was Frauen tun, müssen sie doppelt so gut machen wie Männer. Zum Glück ist das nicht so schwer.

Frauen sind kreativ, sie können aus einem Nichts im Handumdrehen einen Hut, einen Salat oder eine Szene machen ...

Frau zu sein heißt: Wie ein Mann denken, sich benehmen wie eine Dame, aussehen wie ein Mädchen und schuften wie ein Pferd.

Freiheit ist die Möglichkeit, auf die Möglichkeit zu verzichten. *Rudolf Seiss*

Wer sagt: „Hier herrscht Freiheit", der lügt, denn Freiheit herrscht nicht. *Erich Fried*

Zur Freiheit sind wir berufen, nicht zur Freizeit.

Lasst uns endlich Ernst machen mit der **Freude!**

Ein **Freund** ist jemand, der die Melodie deines Herzens kennt und sie dir vorspielt, wenn du sie vergessen hast. *Albert Einstein*

Gute Freunde erkennt man daran, dass sie immer da sind, wenn sie uns brauchen.

Wer einen guten Freund hat, braucht keinen Spiegel.

Fremde sind Freunde, die man nur noch nicht kennt.

Ein bisschen **Friede** ist zu wenig.

Frieden ist TATsache.

Wer nur friedlich und höflich ist, sollte aufpassen, dass er nicht friedhöflich wird.

Man muss sich durch die kleinen **Gedanken**, die einen ärgern, immer wieder hindurchfinden zu den großen Gedanken, die einen stärken.
Dietrich Bonhoeffer

Geduldig sind diejenigen, die ihre Weihnachtsgeschenke erst zu Ostern auspacken.

Man muss mit den Erwachsenen viel **Geduld** haben. *Antoine de Saint-Exupéry*

Selbst die Schnecke erreichte die Arche durch Geduld.

Geduld: Mit der Zeit wird aus Gras Milch.

Autos und **Gefühle** haben eins gemeinsam: man muss sie zulassen.

Geistige Windstille ersetzen wir durch operative Hektik.

Geizhälse sind unangenehme Zeitgenossen. Aber angenehme Vorfahren ...

Geld verdirbt den Charakter, vorausgesetzt, man hat einen. *Peter Ustinov*

Beim Denken ans Vermögen, da leidet oft das Denkvermögen.

Wenn du dich reich fühlen willst, dann zähle alle Dinge auf, die du nicht für Geld erwerben könntest.

Am ärmsten ist der, der nur Geld hat.

Geld nennt man auch Knete, weil man damit jeden weich bekommt. *Gerhard Uhlenbruck*

Kein Geld haben wir immer genug.

Geld ist nicht alles! Außer man hat keins.

Der Mensch ist nicht mehr das, was er war, seit er nur noch das ist, was er hat.

Lieber reich als viel Geld.

Geld allein reicht nicht – man muss auch Zeit haben, es auszugeben!

Reich wird einer nicht durch das, was er verdient, sondern durch das, was er nicht ausgibt.
Henry Ford

Geld ist dumm. Sonst würde es nicht immer beim Falschen landen.

Unser Geldbeutel befindet sich entweder nah am Herzen, oder wir sitzen darauf.

Gemeinschaft ist nicht die Summe der Interessen, sondern die Summe der Hingabe.
Antoine de Saint-Exupéry

Wohin **Gen**?

Wer nicht mehr **genießt**, wird mit der Zeit ungenießbar.

Die **Geschwindigkeit** ruft die Leere hervor, die zur Eile treibt.

Wer später bremst, fährt länger schnell.

Nicht die Zeit macht uns fertig, sondern das Tempo.

Wir brauchen mehr kontroverse **Gespräche** unter dem Lampenschirm und weniger konsumierendes Schweigen vor dem Bildschirm.

Gewalt ist das Problem, als dessen Lösung sie sich ausgibt. *Friedrich Hacker*

Wenn du etwas so machst, wie du es seit vor zehn Jahren gemacht hast, dann sind die Chancen groß, dass du es falsch machst.
Charles Kettering

Wer im **Glashaus** sitzt, sollte sich besser im Dunkeln ausziehen.

Die **Glatze** ist FKK auf höchster Ebene.

Besser das Hirn wächst durch die Haare als der Bauch durchs Hemd.

Lieber **gleich berechtigt** als später.

Wenn alles **gleich gültig** ist, wird vieles gleichgültig.

Glücklich, die ihren Garten nicht einzäunen. Sie werden den Applaus der Schmetterlinge haben.

Glückliche Menschen laufen dem Leben nicht ständig hinterher.
Sie sind mittendrin!

Viele Leute verpassen ihr Glück. Nicht, weil sie es nie gefunden hätten: Sie halten nicht inne, um es zu genießen.

Viele suchen das Glück wie eine Brille, die sie auf der Nase tragen.

Wer vom Glück immer nur träumt, darf sich nicht wundern, wenn er es verschläft. *Ernst Deutsch*

Es ist schon so viel **Gras** über so vielem gewachsen, dass man keiner Wiese mehr trauen kann.

Die Leute, die das Gras wachsen hören, sind meistens dieselben, die es gesät haben.

Alles **Große** in unserer Welt geschieht nur, weil jemand mehr tut, als er muss. *Hermann Gmeiner*

Ein wahrhaft großer Mann wird weder einen Wurm zertreten noch vor dem Kaiser kriechen.

> Gerade wenn eine Frau meint, ihre Arbeit sei getan, dann wird sie **Großmutter.**

Die Leute können ein Großmaul nicht ausstehen, aber zuhören werden sie ihm immer.

Muhammad Ali (Cassius Clay)

Das **Handy** entwickelt sich immer mehr zum Babyfon für Teenager.

Hass macht hässlich.

Wer nach **Hause** will, muss sich auch auf den Weg machen.

Hebammen sind Frauen, die Dinge zu Tage fördern, die zum Himmel schreien.

Wo kämen wir **hin**, wenn alle sagten, wo kämen wir hin, und keiner ginge, um zu sehen, wohin wir kämen, wenn wir gingen? *Kurt Marti*

Wer den **Himmel** auf Erden sucht, hat in Geografie nicht aufgepasst.

Wir wissen zwar nicht, wo wir hinwollen, aber wir wollen als Erste da sein.

Ein **Hobby** ist harte Arbeit, die niemand täte, wenn sie sein Beruf wäre.

Hoffnung ist nicht die Überzeugung, dass etwas gut ausgeht, sondern die Gewissheit, dass etwas Sinn hat, egal wie es ausgeht. *Václav Havel*

Einer hatte einen **Horizont** vom Radius null – und das nannte er „Standpunkt". *Albert Einstein*

Bei mir **humort** es im Kopf.

Humor ist der Knopf, der verhindert, dass der Kragen platzt. *Joachim Ringelnatz*

Die schwerste Turnübung ist: sich selbst auf den Arm zu nehmen. *Werner Finck*

Alle drehen sich nur um sich, nur **ich** nicht, ich steh auf mich.

Jeder denkt an sich, selbst zuletzt.

Be yourself, who else is better authorized?

Ich bin auch nicht mehr der, der ich mal sein wollte.

Bis einer sich kennengelernt hat, hat er sich schon längst wieder verändert.

Ich bin eigentlich ganz anders – ich komme nur selten dazu. *Ödön von Horváth*

Jeder Mensch ist ein Ergebnis der Menschen, mit denen er sich umgibt.

> Ich erschrak, als ich merkte, dass ich so bin, wie man ist.

Große **Ideen** brauchen nicht nur Flügel, sondern auch ein Fahrgestell zum Landen. *Neil Armstrong*

Bei **IKEA** ist es wie früher in der DDR: die Hälfte ist nicht lieferbar, und bis man diese Information bekommt, muss man eine Stunde in der Schlange stehen ...

Nichts bewahrt uns so gründlich vor **Illusionen** wie ein Blick in den Spiegel. *Aldous Huxley*

Integration ist mehr als die Anzahl der italienischen Restaurants.

Der Nachteil der **Intelligenz** ist, dass man täglich gezwungen ist, dazuzulernen. *George Bernard Shaw*

> Ein Mensch, der sich etwas auf seine Intelligenz einbildet, ist wie ein Sträfling, der mit seiner großen Zelle prahlt.
>
> *Simone Weil*

Viele von uns sind im beruflichen Bereich ausgebildet und fortgebildet, aber im persönlichen Bereich sind wir höchstens eingebildet.

Nicht die Tatsachen bestimmen mein Leben, sondern wie ich die Tatsachen deute.

J

Wir wünschen allen ein frohes, neues **JA !**

Ein **Junggeselle** ist ein Mensch, dem zum Glück eine Frau fehlt.

K

Für das bisschen, das ich **kann**, kann ich ganz schön viel.

Nicht jeder, der getan hat, was er konnte, hat auch gekonnt, was er getan hat.

Wenn ich nicht kann, was ich will, dann will ich eben, was ich kann.

Kehr nicht so viel unter den Teppich, dass du nicht mehr aufrecht im Zimmer stehen kannst.

Wenn man einen Menschen **kennenlernen** will, ist es nicht wichtig, was andere über ihn sagen, sondern was er über andere sagt.

Dein Bauch gehört dir. Aber nicht das **Kind** darin.

Haben Embryos ein Haltbarkeitsdatum?

Wer sich für das ungeborene Leben einsetzt, sollte sich auch für das geborene Leben einsetzen! Und umgekehrt.

Gib deinen Kindern Wurzeln, wenn sie klein sind, und Federn, wenn sie groß werden.

> Der gefährlichste Platz in Deutschland ist im Bauch einer Mutter.

Das sicherste Mittel, Kinder zu verlieren, ist, sie für immer behalten zu wollen. *Adolf Sommerauer*

Mutterfreuden sind die Freuden, die eine Frau empfindet, wenn alle Kinder im Bett sind.

Es gibt drei Möglichkeiten, etwas zu erledigen:

1. Man macht es selbst.

2. Man bezahlt jemanden dafür.

3. Man verbietet es seinen Kindern ...

Bevor ich heiratete, hatte ich sechs Theorien über Kindererziehung. Jetzt habe ich sechs Kinder und keine Theorie.

Kinder sind kleine Engel, deren Flügel immer kürzer werden, je längere Beine sie bekommen.

Kinder ohne Liebe werden Erwachsene voller Hass.

Kinder, die man nicht liebt, werden Erwachsene, die nicht lieben. *Pearl S. Buck*

Umgebt die künftigen Machthaber mit Liebe. Sie liegen noch auf dem Wickeltisch.

Kinder brauchen Liebe, nicht Hiebe.

Kinder brauchen Eltern, nicht Dompteure.

Kinder brauchen Vorbilder, nicht Vorträge.

Kinder brauchen unser Verständnis, nicht unser Einverständnis.

Wenn ein Kind Probleme schafft, müssen die Probleme beseitigt werden, nicht das Kind.

Früher hatten Eltern etwa vier Kinder. Heute haben Kinder etwa vier Eltern.

Das Beste, was ein Vater für seine Kinder tun kann, ist, ihre Mutter zu lieben. *Henry Ward Beecher*

Sorgerechtsprozesse sind die moderne demo-kratische Form der Folter im 21. Jahrhundert.

Es ist nie zu spät für eine glückliche Kindheit.
Ben Furman

Kinder und Uhren dürfen nicht stän-dig aufgezogen werden, man muss sie auch gehen lassen. *Jean Paul*

Kinder sind die Geburts-helfer der Zukunft und nicht die Erfüllungsgehilfen unse-rer Erwartungen.

Kinderkrankheiten sind in Deutschland erfreulich zurückgegangen – weil es kaum noch Kinder gibt.

Kinderlärm ist Zukunftsmusik.

Gut **geklagt** ist halb gelitten.

Der **Klügere** liest nach.

Der Klügere gibt nicht mehr nach.

Bei jedem **Kompromiss** gewinnt nur jene Seite, die keine Kompromisse machen musste.

Manche sind durch die Wende nur vom Kommunismus zum Konsumismus übergetreten.

Nicht **Konsum**, sondern Liebe entscheidet über Lebensqualität. *Astrid Eichler*

Ich weiß zwar nicht, welche Waffen im nächsten **Krieg** zur Anwendung kommen, wohl aber welche im übernächsten: Pfeil und Bogen. *Albert Einstein*

Ausgestorben: Dinosaurier! Zu viel Panzer, zu wenig Hirn!

Krieg ist nicht gesund für Kinder und andere lebende Dinge.

Lieber ein stadtbekannter Kriegsdienstverweigerer als ein unbekannter Soldat!

Der Bedarf des Menschen an Eisen wird durch Spinat besser gedeckt als durch Panzer.

Manche Kriegsberichterstatter gleichen eher einem „Schlachtenbummler" als einem Journalisten.

Krieg ist Gottes Art, den Amerikanern Geografie beizubringen.

Die Menschen lassen sich lieber durch Lob ruinieren als durch **Kritik** verbessern.

Wir sind leicht bereit, uns selbst zu tadeln, unter der Bedingung, dass niemand einstimmt.
Marie von Ebner-Eschenbach

Kulturabkommen werden geschlossen, damit andere besser von ihrer Kultur abkommen.

Als Gott die Welt erschuf, gab er den Europäern die Uhr, den Afrikanern die Zeit.

Die Europäer denken analytisch, weil sie die Dinge benutzen wollen. Die Afrikaner denken intuitiv, weil sie an den Dingen teilhaben wollen.

Lächeln ist die beste Art, den Menschen die Zähne zu zeigen.

Nichts ist gesünder auf der Welt, als sich ab und zu krankzulachen! *Oskar Blumenthal*

Wer lächelt, statt zu toben, ist immer der Stärkere.

Lächeln ist das Beleuchtungssystem des Gesichts und das Heizungssystem des Herzens.

Es ist wenig sinnvoll, einen **langsamen** Mitarbeiter auch noch zur Schnecke zu machen.

„Junge", sagte meine Vater, „lerne **Latein**, da hat man eine solide Grundlage. Man weiß nie, wozu man es mal gebrauchen kann!" Er sollte recht behalten. Ich wusste nie, wozu ich es gebrauchen kann.

Je mehr man sich mit der lateinischen Sprache befasst, desto klarer wird es einem, warum das Römische Reich untergegangen ist.

Das **Leben** besteht aus vielen kleinen Münzen, und wer sie aufhebt, hat ein Vermögen. *Jean Anouilh*

Ob man das Leben lachend oder weinend verbringt, es ist die gleiche Lebensspanne.

Das Lebensziel prägt unseren Lebensstil.

Lebenskünstler leben nicht länger, aber mehr. *Jean Anouilh*

Ob du lebst, ist nicht eine Frage der Existenz, sondern der Qualität.

Es geht im Leben nicht darum, zu warten, bis das Unwetter vorbeizieht. Es geht darum, zu lernen, im Regen zu tanzen.

Leben ist das, was passiert, während du gerade eifrig dabei bist, andere Pläne zu machen.
John Lennon

Ich habe alles im Griff, nur nicht mein Leben.

Es gibt immer mehr Jugendliche, die ihr Leben aufs Spiel setzen, aber nicht ihren Lebensstandard.

Wer schneller lebt, ist eher fertig.

Lebst du noch, oder spielst du schon Golf?

Eine Gesellschaft, die sich mehr **leistet**, als sie sich leisten kann, nennt sich Leistungsgesellschaft.

Jeder will Häuptling sein, aber keiner Indianer.

Liebe – und dann tu, was du willst! *Augustinus*

Wir lieben es, gebraucht zu werden, obwohl wir es eigentlich brauchen, geliebt zu werden.
Hans-Joachim Eckstein

Manche **Männer** verstehen nicht, dass sie Frauen nicht begreifen, weil sie sie immer nur begreifen wollen.

Männer sind auch nicht mehr das, was sie nie gewesen sind.

Wenn ein Mann einer Frau die Autotür aufhält, ist entweder das Auto neu oder die Frau …

Das männliche Gehirn ist wie ein Gefängnis, einfach zu wenig Zellen.

> Was war der erste Mann
> auf dem Mond?
> Ein guter Anfang!

Widersprich nie einem Mann. Warte 30 Minuten, dann macht er es selber.

Aus der ehemals „sozialen" **Marktwirtschaft** wird zunehmend eine wildernde Machtwirtschaft.

Menschen, die eine **Maske** tragen, können nicht erwarten, dass ihre Tränen gesehen werden.

Ich bin ganz meiner **Meinung**.

Ein **Meister** heißt Meister, weil er etwas am meisten gemacht hat.

Wer nicht richtig **miteinander** umgeht, geht irgendwann richtig miteinander ein.

Nicht jeder, der **mitgenommen** aussieht, ist ein Tramper.

Wer dauernd die Preise runtersetzt, ist bald pleite – das gilt auch für unsere ethischen und **moralischen** Standards!

Was man mühelos erreichen kann, ist gewöhnlich nicht der **Mühe** wert, erreicht zu werden.
Ralph Waldo Emerson

Die **Musik** drückt das aus, was nicht gesagt
werden kann und worüber es unmöglich ist zu
schweigen. *Victor Hugo*

Es gibt Leute, die ständig alles Weitere veranlas-
sen anstatt das **Naheliegende**.

Sag mir deinen **Namen** – und ich sage dir, wie du
heißt.

Erst **nehmen** sie alles mit, dann wirken sie mitgenommen, zuletzt liegen gelassen.

Nichteinmischung ist Einmischung auf der Seite
der Stärkeren. *Gabriel Laub*

Wir kommen mit
nichts zur Welt,
und wir gehen mit
nichts von der
Welt. Also haben
wir nichts zu verlieren.

> Wie viel Unheil allein
> durch Nichtstun verhindert
> werden kann!

Not macht nur dann wirklich erfinderisch, wenn
es gelingt, die Erfinder der Not ausfindig zu machen.

Wer nach allen Seiten **offen** sein will, ist nicht ganz dicht.

Ein **Optimist** ist jemand, der Kreuzworträtsel mit Tinte löst.

> Ein Optimist findet immer einen Weg,
> ein Pessimist findet immer eine Sackgasse.

Die Welt ist eine optimistische Schöpfung: Alle Vögel singen in Dur!
Jean Giono

Der Pessimist sagt: „teilweise bewölkt", der Optimist: „teilweise sonnig".

Ordnung ist das halbe Leben. Die andere Hälfte ist mir aber lieber.

P

Das **Paradies** pflegt sich erst dann als Paradies zu erkennen zu geben, wenn wir daraus vertrieben wurden. *Herrmann Hesse*

Man muss **Partei** ergreifen. Neutralität nutzt nur dem Unterdrücker, niemals dem Opfer. *Elie Wiesel*

Mancher **Pensionierte** wundert sich, woher er einst die Zeit zur Arbeit nahm ...

Every time you think you are **perfect,** try to walk over water!

Perfektionismus ist Selbstmord auf Raten.

Wer sich bemüht, eine abgerundete **Persönlichkeit** zu werden, steht in der Gefahr, als Null zu enden.

Nur Nullen haben keine Kanten.

Ein **Pessimist** ist jemand, der gleichzeitig Hosenträger und einen Gürtel trägt.

Der Pessimist findet zu jeder Lösung das passende Problem.

Ein Pessimist ist einer, der ständig in der Dunkelkammer sitzt und „Negative" entwickelt.

Der Optimist hofft, dass wir in der besten aller möglichen Welten leben. Der Pessimist befürchtet, dass genau das wahr ist.

Ein Pessimist ist ein Optimist mit Erfahrung.

Manche **Politiker** sind echt schwer hörig, andere nur schwerhörig!

Bis man anfängt, was zu begreifen, ist die Amtszeit abgelaufen. *Amos Oz*

Por NO!

Wer nur einen Hammer im Werkzeugkasten hat, reduziert jedes **Problem** auf einen Nagel.

Ein Problem zu lösen ist die beste Art, es loszuwerden. *Brendan Francis*

Wenn du das Problem nicht lösen kannst, dann ändere deine Einstellung zu dem Problem.

Psychiater könnten wir einsparen, wenn wir uns mehr Zeit zu nehmen würden für unsere Mitmenschen.

Pünktlichkeit hat den Nachteil, dass die Leute glauben, man habe nichts Wichtigeres zu tun.

Quittungen über Büromaterial werden ausgestellt, wenn man fremdgeht, Bier trinkt, am Geldautomat steht – kaum noch, wenn man Büromaterial einkauft.

Rassismus = Hassismus

Hört nicht jeder früher oder später mit dem
Rauchen auf?

Rauchen hat mit
Intelligenz abso-
lut nichts zu tun,
Nichtrauchen
schon!

> Raucher kommen nicht
> in die Hölle –
> sie riechen nur so.

Der Unterschied zwischen Rauchern und Nicht-
rauchern: Nichtraucher sterben gesünder.

Teer gehört auf die Straße, nicht in die Lunge.

Gottes liebste Freundin ist die **Realität**.

In Wirklichkeit ist die Realität ganz anders.

Im Rechtsstaat steht oft das **Recht** dem Recht
im Wege.

Justitia. Was nützt die Augenbinde, wenn sie
dem Klimpern der Münzen lauscht?

Ist alles Recht, was billig ist?

Wer viel **redet**, erfährt wenig.

Man braucht zwei Jahre, um sprechen zu lernen.
Und fünfzig, um schweigen zu lernen.
Ernest Hemingway

Was du sprichst, ist so laut, dass ich nicht hören kann, was du sagst.

Reden ist Silber – Schweigen ist Gift.

Selig, wer nichts zu sagen hat und trotzdem schweigt!

Er glaubt an das **Relative** – mit absoluter Gewissheit.

Das Wichtigste für den ersten Schritt ist nicht die Entfernung, sondern die **Richtung.**

Wenn du nicht weißt, wohin du gehst, wirst du garantiert woanders ankommen.

Hinter jeder Ecke lauern ein paar Richtungen.

Hauptsache, es geht vorwärts! Die Richtung ist egal!

Siehst du einen **Riesen,** so achte auf den Stand der Sonne, ob es nicht der Schatten eines Zwerges ist. *Novalis*

S

Bei Licht besehen ist auch der Leithammel nur ein **Schaf**. *Ernst Hohenemser*

Nur wer zu seinem **Schatten** steht, kann auch über seinen Schatten springen. *Anton Kner*

Es ist leicht, über den eigenen Schatten zu springen, wenn man in seiner Umgebung alle Lichter löscht.

„Ich gestehe mir mein **Scheitern** ein ... und du?" „Ich dir auch."

Gescheit – Gescheiter – Gescheitert.

Jeder versagt anders.

Scheiterst du schon, oder schraubst du noch?

Es ist modern, **Schlüsselerlebnisse** zu haben. Aber steht man dadurch schon vor der richtigen Tür?

Schneller, höher, weiter oder langsamer, tiefer, näher?

Wer **schöner** ist als ich, der ist geschminkt.

Jeder dumme Junge kann einen Käfer zertreten. Aber alle Professoren der Welt können keinen herstellen. *Arthur Schopenhauer*

Wenn ich **See** seh, brauch ich kein Meer mehr.

Schuld muss eine Herzenssache sein, keine Kopfsache.

Wenn wir nicht sind, was wir **sein** sollten, hat es keinen Sinn, das zu sein, was wir sind.

Kopf hoch! Nur Fledermäuse lassen sich hängen!

Ich weinte, weil ich keine Schuhe hatte, bis ich einen sah, der keine Füße hatte.

Sie wissen, dass Sie das Thema zu früh angepackt haben, wenn Ihre Kinder die Bilder im **Sex-Handbuch** mit Farbe ausmalen wollen.

Lieber **solidarisch** als solide arisch.

Von allen **Sorgen**, die ich mir machte, sind die meisten nicht eingetroffen. *Sven Hedin*

Ein **Spezialist** ist ein Mensch, der von immer weniger immer mehr versteht, bis er von nichts alles versteht …

Stark ist, wer keinen Fehler macht. Stärker ist, wer aus seinen Fehlern lernt. *Boris Becker*

Wenn du ein Bein in kaltes und eins in heißes Wasser stellst, hast du **statistisch** warme Füße.

Du stehst nicht im **Stau,** du bist der Stau.

Müller-Milch hat sein Zentrallager auf die Überholspuren der Autobahn verlagert.

Erst wirbeln wir den **Staub** auf und behaupten dann, dass wir nichts sehen können.

Es ist unmöglich, Staub wegzublasen, ohne dass eine Menge Leute anfangen zu husten.
Prinz Philip (Philip Mountbatten, Duke of Edinburgh)

Das Leben könnte so schön sein ... wenn man nicht **sterben** müsste.

Die Menschen leben, als würden sie nie sterben, und sterben, als hätten sie nie gelebt.

Dass er starb, ist noch kein Beweis dafür, dass er gelebt hat.

Die Lebenserwartung steigt. Was hilft das, wenn die Todeserwartung nicht sinkt?

Das Leben endet immer tödlich.

Geborgenheit im Letzten gibt Gelassenheit im Vorletzten.
Ronano Guardini

Sie kämpften mit ganzer Kraft für die „reine, unverfälschte Lehre"; und wirklich, sie erreichten **Sterilität**!

Erst beim Abfassen der **Steuererklärung** kommt man dahinter, wie viel Geld man sparen würde, wenn man gar keines hätte ... *Fernandel*

Das Schönste am **Streit** ist die Versöhnung!

Wenn der eine nicht will, können zwei nicht miteinander streiten.

„Stressed" umgekehrt gelesen heißt „Desserts".

Um zu wissen, was ein Anker wert ist, brauchen wir den **Sturm.** *Corrie ten Boom*

Am häufigsten wird das vermisst, was man dort sucht, wo es nicht ist.

Die **Tagesschau** lebt von der Finsternis.

Takt ist die Fähigkeit, einem anderen auf die Beine zu helfen, ohne ihm auf die Zehen zu treten.

Curt Goetz

Alles, was du nicht **teilen** willst, besitzt dich.

Tanzen ist Träumen mit den Füßen.
Fred Astaire

Ein **Taucher,** der nix taucht, taugt nix.

Ein **Telefon** ist eine Annehmlichkeit, zwei sind Luxus, drei eine Extravaganz und gar keins das Paradies.

An manchen Tagen ist nur das Telefon gut aufgelegt.

Hat **Toleranz** Grenzen? Wenn ja, welche, ab wann, und wer hat das Recht, sie zu setzen?

Wir Menschen sind nicht nur **Toren,** schlimmer: Wir sind Multiplika-Toren und manchmal auch kleine oder große Dikta-Toren.

Die beste Möglichkeit, **Träume** zu verwirklichen, ist, aufzuwachen.

Dass ich auf Englisch träume, macht mir nichts aus. Aber mich stören die deutschen Untertitel.

> Auch auf dem erhabensten **Thron** der Welt sitzen wir nur auf unserem eigenen Hintern.
> *Michel de Montaigne*

Trotz ist die jugendliche Form von Altersstarrsinn. *Leo Trotzkij*

Das, was du **tust,** kann das, was du sagst, entweder unterstreichen oder durchstreichen.

Viele Dinge lernt man erst, indem man sie tut – nicht, indem man sie bedenkt.

U

Was **unbegreiflich** ist, ist darum nicht weniger wirksam.

Gerade mit dem, was sich nicht beschreiben lässt, könnte man Bände füllen.

> Das Gewohnte wird bei uns höher bewertet als das **Unerwartete.**

Die Friedhöfe sind voll von Menschen, die sich für **unersetzlich** hielten.

Ob eine schwarze Katze **Unglück** bringt, hängt davon ab, ob man ein Mensch ist oder eine Maus.

Tue das Notwendige zuerst, dann das Nützliche und schließlich das Schöne – so kommt das **Unmögliche** von selbst. (Wir arbeiten genau andersherum: Wir versuchen erst das Unmögliche, und dann haben wir keine Zeit mehr für das Notwendige.)

Einer der Vorteile von **Unordnung** besteht darin, dass man laufend aufregende Entdeckungen macht.

Manche waschen ihre Hände in **Unschuld,** weil sie zu geizig sind, Seife zu kaufen.

Es gibt nur **Unternehmer** oder Unterlasser.

Wer seinem Passbild zu ähnlich zu sehen beginnt, sollte schleunigst **Urlaub** machen.
Vico Torriani

Wenn wir tun, was unsere **Väter** taten, tun wir nicht, was unsere Väter taten.

Mit welchen Gefühlen sieht der fanatische **Vegetarier** einer fleischfressenden Pflanze zu?

Vegetarier leben nicht länger, sie sehen nur älter aus.

Ich bin nur dafür **verantwortlich,** was ich sage, nicht dafür, was du verstehst.

Du bist verantwortlich für das, was du dir vertraut gemacht hast.
Antoine de Saint-Exupéry

Wer die **Vergangenheit** nicht bewältigt hat, hat die Vergangenheit noch vor sich.

Nichts auf der Welt ist so gerecht verteilt wie der **Verstand,** denn jedermann ist davon überzeugt, dass er genug davon hat. *René Descartes*

Über ihr Gedächtnis klagen viele Leute, nur mit ihrem Verstand sind alle zufrieden.

Habe Mut, dich deines eigenen Verstandes zu bedienen. *Immanuel Kant*

Wenn man nicht gegen den Verstand verstößt, kann man überhaupt zu nichts kommen.
Albert Einstein

Wer **verstanden** werden will, muss zuhören.

Mit meiner Reizbarkeit gebe ich vielen Menschen Gelegenheit, zu **verzeihen.**

Vorurteile sind die Hühneraugen des Geistes.
Gustave Flaubert

W

Vom **Wahrsagen** lässt sich leben, nicht aber vom Wahrheit sagen. *Georg Christoph Lichtenberg*

Lehrt eure Kinder die **Wahrheit**, aber bereitet sie auf eine Welt voller Lügen vor. *Werner Mitsch*

Man darf die Wahrheit nicht mit der Mehrheit verwechseln. *Jean Cocteau*

Wer immer die Wahrheit sagt, der kann es sich leisten, ein schlechtes Gedächtnis zu haben.
Theodor Heuss

Ein Satz, der sich ad absurdum führt: Es gibt keine absolute Wahrheit!

Wenn du die Absicht hast, öffentlich bestimmte Wahrheiten auszusprechen, solltest du vorher dein Pferd gesattelt haben.

Wer mit allen Wassern gewaschen ist, ist noch längst nicht sauber!

Wenn einem das **Wasser** bis zum Halse steht, kann man nicht den Kopf hängen lassen.

Man kann **Weinenden** nicht die Tränen abwischen, ohne sich die Hände nass zu machen.

Du magst vergessen, mit wem du gelacht hast. Aber du wirst nie vergessen, mit wem du geweint hast.

Man soll die **Welt** so nehmen, wie sie ist, aber nicht so lassen.

Nur zur Erinnerung: Das zwischen der **Werbung** heißt Film.

Wer glaubt, etwas zu sein, hört auf, etwas zu **werden.** *Sokrates*

Wenn Kindern und Jugendlichen nur Wissen, aber keine **Werte** vermittelt werden, wächst eine Generation heran, die von allem den Preis kennt, aber von nichts den Wert.

Wir sollen nicht wesentlich mehr, aber mehr **Wesentliches** tun.

Auch Stolpersteine lassen sich zum **Wiederaufbau** verwenden.

Wissen ist Macht. Unwissen ist Ohnmacht.
Friedrich Nietzsche

Wir wissen immer mehr, aber immer weniger, was wir wollen.

Wir machen, was wir **wollen**, und tun, was wir können.

Wissen ist Macht. Ich weiß nix. Macht nix.

Zwischen **Wohlstand** und Wohlbefinden besteht kein zwingender Zusammenhang.

Wohnraum statt Hubraum.

Du machst es so, wie du es willst, und ich mach es so, wie du es willst.

Ein **Wunder** passiert nicht gegen die Natur, sondern gegen unser Wissen von der Natur.
Augustinus

Die Menschen**würde** ist so hoch angesetzt, dass ziemlich viel untendurch passt.

Das „würde" des Menschen ist unantastbar.

Erst in der **Wüste** erkennst du, wie Wasser wirklich schmeckt!

In der Wüste kann man sich nur ein Mal verlaufen.

Wenn man den Kopf in den Sand steckt, sollte man nie vergessen, dass der Hintern immer noch zu sehen ist.

Wer heute den Kopf in den Sand steckt, knirscht morgen mit den Zähnen.

Das Einzige, was auf dieser Welt gerecht verteilt ist, ist die **Zeit.**

Alles hat seine Zeit, oder alles hat keine Zeit?

Wie oft beeilst du dich, um Zeit zu sparen, und die vermeintlich gesparte Zeit brauchst du dann, um dich von der Hetze des Lebens zu erholen.

Die Leute, die niemals Zeit haben, tun am wenigsten. *Georg Christoph Lichtenberg*

Es gibt keine Zeitprobleme, nur Prioritätenprobleme.

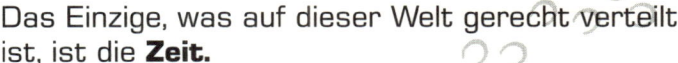

Man verliert die meiste Zeit damit, dass man Zeit gewinnen will.
John Steinbeck

„Zeit ist Geld", sagte der Ober und addierte auf der Rechnung das Datum dazu.

Jetzt sind die guten alten Zeiten, nach denen wir uns in zehn Jahren zurücksehnen werden.
Peter Ustinov

Heute ist morgen schon gestern.

Die ersten hundert Jahre sind erfahrungsgemäß die schwersten!

Wer sich mit dem Zeitgeist verheiratet, ist schnell verwitwet.

Wer nicht mit der Zeit geht, geht mit der Zeit.

Das Jahr geht weiter, und ehe man sich versieht, ist für die Tulpen, die man im Herbst nicht gesetzt hat, die Zeit gekommen, nicht zu blühen.

Nicht der Fluss fließt, sondern das Wasser. Nicht die Zeit vergeht, sondern wir.

Früher an später denken!

Der späte Wurm überlebt den Vogel.

Nimm dir Zeit für deine Freunde, sonst nimmt dir die Zeit deine Freunde.

Eine **Zensur** findet nicht statt, es sei denn, man merkt es.

Es gibt Menschen, die sind innerlich so **zerrissen,** dass sie sich ständig zusammenreißen müssen.

Wer nicht weiß, wohin er will, kann nicht ans **Ziel** kommen.

Wer kein Ziel hat, wird es auch garantiert erreichen.

Trau keinem **Zitat,** das du nicht selbst aus dem
Zusammenhang gerissen hast. *Johannes Rau*

Reicht dir das Leben eine **Zitrone,** mach Limona-
de daraus!

Je mehr Bürger mit **Zivilcourage** ein Land hat,
desto weniger Helden wird es einmal brauchen.
Franca Magnani

Wenn man aus dem **Zoo** kommt, sieht man die
Menschen mit anderen Augen.

Wer oft in Fahrt gerät, sollte häufiger seine
Bremsen überprüfen.

Man muss nicht immer glücklich sein, **Zufrieden-
heit** ist auch nicht schlecht.

Zu Hause bin
ich nicht, wo ich
wohne, sondern
wo ich verstan-
den werde.

Weil ich ein Zuhause habe,
muss ich nicht fremdgehen.

Was die **Zukunft** betrifft, so ist deine Aufgabe
nicht, sie vorauszusehen, sondern sie zu ermögli-
chen. *Antoine de Saint-Exupéry*

Die Zukunft war früher auch besser. *Karl Valentin*

Man sollte gar nicht glauben, wie gut man ohne die Erfindungen des Jahres 2022 auskommen kann!

Was machen mit der Zukunft, wenn man keine hat?

Das Beste an der Zukunft ist, dass wir immer nur einen Tag auf einmal davon zu verkraften haben.

AlsohatGottdieWeltgeliebtdasserseineneinzigen-
Sohngabaufdassalledieanihnglaubennichtverlo-
renwerdensonderngerettetwerden.

God bless **America** – please hurry!

Wir sollten arbeiten, als ob alles Beten nichts
nützt. Und wir sollten beten, als ob alles **Arbeiten** nichts nützt. *Martin Luther*

Wen der liebe Gott einmal bei der Arbeit er-
wischt hat, dem schickt er laufend neue.

Erbitte Gottes Segen für deine Arbeit, aber ver-
lange nicht, dass er sie auch noch tut.
Karl Heinrich Waggerl

Die Titanic wurde
von Profis gebaut,
im Gegensatz zur
Arche Noah.

Man könnte sich
den ganzen Tag **ärgern**,
aber man ist nicht
verpflichtet dazu.

Herzens**atheismus** ist der Tod des Glaubens.

Wenn man an einem Grab einem „Lebewohl"
sagt, ist das nur möglich, wenn man an die **Auferstehung** und ein Leben nach dem Tod glaubt.

Die beste **Auslegung** eines biblischen Textes ist
immer noch die Auslebung.

Barmherzig sein heißt, die Türe zu öffnen, bevor der andere angeklopft hat. *Fritz Schmidt-König*

Wenn Mose die **Basis** befragt hätte, würden wir heute immer noch Kälber anbeten.

„Um Gottes Willen, ich möchte Sie doch nicht **bekehren!**" „Um Gottes Willen sollten Sie mich aber bekehren!"

Beziehungen sind das halbe Leben. Die Beziehung zu Gott das ganze.

Der Verlust der Beziehung zu Gott ist der Verlust der Orientierung am ewig Gültigen.

Die **Bibel** bringt nicht für jeden etwas, sondern alles für jeden Menschen. *Hanns Dieter Hüsch*

Wer seine Bibel nicht liest, hat keinen Vorteil gegenüber einem Menschen, der keine Bibel hat.

Bibel dir deine Meinung.

Lieber eine Bibel im Handschuhfach als einen Fisch auf dem Kofferraum.

Bibellesen schützt vor Fanatismus!

Ich steh länger vor dem Spiegel, um mein Outfit zu stylen, als dass ich vor der Bibel sitze, um mein Infit zu heilen.

Wenn du lange genug dein Ohr an Gottes Wort hast, kannst du sein Herz schlagen hören.
Kyrilla Spiecker

Die Bibel ist ein uns geschenktes wundersames Bankkonto der Unendlichkeit: je verschwenderischer wir davon abheben und es seelisch verwerten, desto größer wird unser geistiges Vermögen werden.

Gottes Wort ist endgültig – auch am Ende noch gültig.

Durch die **Bosheit** anderer sollen wir nicht bitter, sondern Fürbitter werden.

Wo wird die **Bundeswehr** zuerst erwähnt? In der Bibel. Da steht: „Sie trugen seltsame Gewänder und irrten planlos umher ..."

C

Ich bin **Christ** – und das ist auch gut so!

Ich gehöre zu Gottes Bodenpersonal.

Ich bin himmlischer Staatsbürger.

Ich bin ein Christkind, weil ich ein Kind Christi bin.

Ich bin kein Vorbild, sondern Nachfolger.

Wenn man dich dafür einsperren würde, dass du Christ bist, würde es genügend Beweise geben, um dich zu überführen?

Wer in unserer dürren Zeit Christsein als antiquiert und vorgestrig diffamiert, sollte nicht vergessen, dass der Schnee von gestern das Wasser von morgen ist.

The most important part about Christians is the first six letters.

Ich glaube an den real existierenden Christus.

Ich bin Überzeugungschrist.

Christen sollen keine Angst-, sondern Osterhasen sein.

Christen sind das Salz der Welt, nicht die Zuckerwatte!

Fast keiner ist Christ. Fast überall.

Ich bremse auch für Christen.

Christen sehen sich nie das letzte Mal.

Wo christlich draufsteht, muss noch lange kein Christus drin sein.

Verklemmte Christen würden sich nie einen Ausziehtisch kaufen!

D

Gott sei **Dank!** Wem denn sonst?

Wolltest du Gott Danke sagen für jede Freude, du fändest keine Zeit mehr, noch über Leid zu klagen.

Gott danken heißt, ihm ein Kompliment zu machen.

> Geh danken bei guten Gedanken! Geh auf die Knie bei schlechten!

Ich bin der **Demütigste** von allen.

Es ist nicht meine Sache, an mich zu **denken**. Meine Sache ist, an Gott zu denken! Gottes Sache ist, an mich zu denken.

Der Mensch denkt, und Gott lacht *(Psalm 2, 1–4)*.

Eine **dicke** Haut ist ein Geschenk Gottes.
Konrad Adenauer

Wir be**dienen** lieber Maschinen als Mitmenschen.

Do your best – God will do the rest.

Man sagt nichts Wesentliches über den **Dom** aus, wenn man nur von den Steinen spricht.
Antoine de Saint-Exupéry

E

Ehrfurcht vor dem Schöpfer bewirkt Fürsorge für seine Geschöpfe.

Was ist **Eifersucht** unter Christen anderes als gelebter Unglaube daran, dass in Christus jeder alles hat?

Es gibt Leute, die kennen sich im Endzeitplan Gottes besser aus als in den Hausaufgaben ihrer Kinder.

> Manche predigen über die **Endzeit,** als ob sie selbst dabei gewesen wären.

Wen der Teufel zerstören will, dem schickt er 30 Jahre **Erfolg**.

Manche **erlauben** sich, was Gott ihnen verbietet, weil andere sich verbieten, was Gott ihnen erlaubt. Und umgekehrt.

Stell dir vor, es ist **Evangelisation** – und keiner geht hin.

Was seid ihr Christen so freundlich! Habt ihr etwa wieder Evangelisation?

Es gibt Evangelisationen, da gibt es Salzstangen statt Gastfreundschaft.

Viele Menschen wünschen sich ein **ewiges Leben**, aber sie wissen nicht, was sie am nächsten Wochenende unternehmen sollen.

Immer wenn du einen Menschen anschaust, schaust du in die Ewigkeit.

Wer an die Ewigkeit glaubt, hat eine neue Einstellung zur Zeit.

F

Leider ist mein **Fahrstil** für fromme Aufkleber nicht geeignet.

Fahre wie der Teufel, und du wirst ihn bald treffen. *Robert Lembke*

> Fahre nie schneller, als dein Schutzengel fliegen kann.

Gott ist dir näher als du meiner Stoßstange (Psalm 139, 1–6).

Man kann nie tiefer **fallen** als in die geöffneten Hände Gottes.

Wenn man als Fußballfreund einen Schal und ein T-Shirt seines Lieblingsvereins anzieht, wird man als **Fan** bezeichnet. Aber wehe auf dem Shirt oder Schal steht was von Gott, dann heißt es gleich fanatisch.

Es ist **fantastisch,** der Glaube an Jesus macht nicht fanatisch!

Fäuste kann man nicht falten.

Ärgere dich nicht über deine **Fehler** und Schwächen. Ohne sie wärst du zwar vollkommen, aber kein Mensch mehr.

Mein Leben ist ein **Fest** geworden, seitdem ich fest geworden bin in Gott.

Nur der **findet** sich, der sich in Christus verliert.

Wenn du eine gesegnete **Frau** haben willst, dann segne sie jeden Tag.

Die Gebärde des **freien** Menschen ist das gebeugte Knie. *Alfred Delp*

> Wir Christen sollten es ernst meinen mit der **Fröhlichkeit.**

G

Geben ist seliger als nehmen. Ob Henri Maske das sagt oder Jesus, ist doch ein gewaltiger Unterschied.

Wenn du das Doppelte gibst von dem, was du willst, dann ist das die Hälfte von dem, was Gott von dir erwartet.

Gib deinem Einkommen entsprechend, damit Gott dir nicht ein Einkommen zumisst, das deiner Kollekte entspricht.

Stell dir vor, du betest und Gott antwortet (Psalm 50, 15).

Wenn Gott spricht, dann trau deinen Augen nicht, wenn sie den Ohren widersprechen!

Beten heißt, seine ganze Existenz auf Gott kon-zentrieren. *Ferdinand Ebner*

Bevor wir mor-gens auf die Füße kommen, sollten wir zuerst auf die Knie gehen.

> **Gebet** kann die Tat nicht ersetzen, aber das Gebet ist eine Tat, die durch nichts ersetzt werden kann.
>
> *Hans von Keler*

Ein kleiner Junge zu seinen Eltern: „Ich bete jetzt, braucht ihr etwas?"

Wir sind so schlechte Beter, weil wir so gut re-den können, wir Analphabeter.

Gebet wird an seiner Tiefe gemessen, nicht an seiner Länge.

Wem nur in Notzeiten zu beten einfällt, der hat keinen Gott, sondern höchstens ein Maskott-chen.

Wie man betet, so liebt man.

Ohne Gebet ist das Herz den ganzen Tag wie ein Garten ohne Zaun. Die Hühner, die ihn verder-ben, haben ungehinderten Zutritt.

Lasst uns nicht beten für Ziele, die unserer Kraft entsprechen. Lasst uns beten für die Kraft, den Zielen Gottes zu entsprechen.

Herr, gib mir **Geduld** – aber bitte sofort!

Ich bat Gott um Geduld, und er schenkte mir sechs Kinder.

Bitte hab Geduld, Gott arbeitet noch an mir.

Ich leiste mir **Ge-lassenheit** – in Gottes Geborgenheit.

Das Schiff, das sich **Gemeinde** nennt, wird von lauter Nieten zusammengehalten.

Der christliche **Glaube** ist wie eine große Kathe-drale mit herrlich bunten Fenstern. Wer draußen steht, sieht sie nicht, aber dem, der drinnen steht, wird jeder Lichtstrahl zu einem unbe-schreiblichen Glanz.

So wenig ein Reiseprospekt eine Reise ist, so
wenig ist eine Meinung über den Glauben Glaube.

Glauben: Leben auf Gottes Risiko.

Es gibt Christen, die in ihrem Leben glauben, und
es gibt Christen, die ihren Glauben leben.

Ein Mensch, der glaubt, ist genauso stark wie
neunundneunzig andere, die nur Interesse haben.

Glaube ist der Vogel, der singt, wenn die Nacht
noch dunkel ist. *Rabindranath Tagore*

Glauben: heute tun, was erst morgen möglich ist.

Unser Glaube wird nicht durch Wissenschaft,
sondern durch Müdigkeit bedroht.

Ich glaube an
die Sonne, auch
wenn sie nicht
scheint. Ich glau-

**Der Glaube ist eine
schöne Bescherung.**

be an die Liebe, auch wenn ich sie nicht spüre.
Ich glaube an Gott, auch wenn ich ihn nicht sehe.
Jüdische Inschrift im Warschauer Ghetto

Ich glaube an Christus, so wie ich glaube, dass
die Sonne aufgegangen ist, nicht nur, weil ich
sie sehe, sondern weil ich durch sie alles andere
sehen kann. *C.S. Lewis*

Glauben ist die Fähigkeit, in Gottes Tempo zu gehen. *Martin Buber*

Wenn der Glaube zur Gewohnheit wird, kann das Christsein nur gewöhnlich sein.

Ich glaube nur an das, was ich sehe! Seit dem ich Fernsehen gucke, glaube ich an alles.

Seit die Menschen nicht mehr an Gott glauben, glauben sie nicht etwa an nichts, sondern an alles.

Ich stehe lieber auf dem Fundament des Glaubens als auf dem Treibsand des Zeitgeistes.

Glauben heißt nichts anderes, als die Unbegreiflichkeit Gottes ein Leben lang auszuhalten.
Karl Rahner

Es macht den Wert und das **Glück** des Lebens aus, in etwas Größerem aufzugehen, als man selbst ist. *Pierre Teilhard de Chardin*

Diese Welt ist gnadenlos bedingt, und Gott ist bedingungslos **gnädig.**

Er spricht mich selbst **gerecht,** oder er spricht mich selbstgerecht?

Natur, das ist, wenn's kommt, wie's kommen muss – **Gnade** ist, wenn's nicht kommt, wie's kommen muss.

Es gibt gewohnheitsgemäß viele **Götter**, aber naturgemäß gibt es nur einen.

Gäbe es keinen **Gott** – man müsste ihn erfinden.
Voltaire

Es ist nicht alles Gott, was glänzt.

Was Gott an und für sich ist, wissen wir so wenig, wie ein Käfer weiß, was ein Mensch ist.
Ulrich Zwingli

Gott schuf fliegende Fische und tauchende Vögel. Komisch, oder?

Wo ist der Unterschied zwischen Gott und Bill Gates? Gott weiß, dass er nicht Bill Gates ist.

Gott schuf Viren, damit sich niemand für unverwundbar hält.

Wir müssen lernen, Gott endlich wieder Gott sein zu lassen.

Gott be-geisterte einen Klumpen Erde, und daraus wurde ein Mensch.

Gott hat die Menschen gemacht – aber sie machen sich nichts aus ihm.

In der Schöpfung macht Gott aus dem Nichts Etwas. In der Vergebung macht er aus dem Etwas Nichts.

Gott hat sich versprochen.

Gelegentlich schafft ein Volk Gott ab. Aber Gott ist zum Glück toleranter.

Gott sei Dank gibt es nicht, was 60 bis 80 % der Zeitgenossen sich unter Gott vorstellen!
Karl Rahner

Der geistliche Grundwasserspiegel der Menschen ist sehr niedrig. *Hans Hermann Pompe*

Ist Gott noch mehrheitsfähig?

Gott hat das Copyright auf Humanismus, nicht der Mensch.

Gott ist nicht tot, er war nur beim „Wort zum Sonntag" eingeschlafen.

Gott verlangt von uns keinen großen Glauben, sondern den Glauben an einen großen Gott.
Hudson Taylor

Gott ist frag-würdig! Versuchs!

Denk dran, Gott ist wirklich Gott. Er bewirbt sich nicht erst um diesen Job.

Gott hat gewählt: Er hat bei seinem Sohn ein Kreuz gemacht.

Es ist besser, mit Gott durch die Nacht zu gehen als alleine am Tag.

Es ist besser, ein Landstreicher Gottes zu sein als ein Untermieter des Teufels.

Ich gebe dir ein Silberstück, wenn du mir einen Ort sagst, wo Gott wohnt. Und ich gebe dir zwei, wenn du mir den Ort sagst, an dem er nicht wohnt.

Gott konnte nicht überall sein, deshalb schuf er Mütter.

Gott wird in Jesus Mensch. Niemals hat einer so viel gegen so wenig eingetauscht.

Man kann Gott aus eigenen Anstrengungen ebenso wenig erreichen, wie man durch Stabhochsprung auf den Mond gelangen kann.

Gott besucht uns häufig, aber meistens sind wir nicht zu Haus.

Gott ist unbegreiflich, aber greifbar nah.

Wir wollen einen abstrakten Gott, weil wir konkrete Götzen haben.

Gott ist ein heruntergekommener Gott. In Jesus heruntergekommen. *Hanns Dieter Hüsch*

Gott wird Embryo.

Gott wurde menschlich, damit wir lernen, göttlich zu leben.

Ich bin der Herr! Nicht irgenDEIN Gott.

Gott spielt in meinem Leben keine Rolle. Er ist der Regisseur.

Sei ganz Sein, oder lass es ganz sein.

God did not send his son to be ignored!

Gott kreuzt auf.

Gott gibt nicht auf, aber seinen Sohn.

Gott hat uns kein Fantasialand geschickt, sondern einen Heiland.

Gott ist kein gezähmter Dackel, der nach Anweisung Pfötchen gibt, sondern ein verzehrendes Feuer, das den Unrat meines Lebens verbrennt.

Gott will dich fertig machen, aber er will dich nicht fertigmachen.

Gott will dein Herz fairgrößern.

Göttliche Liebe ist nicht weich wie eine Weihnachtsschnulze, sondern hart wie eine Krippe und ein Kreuz aus Holz.

Wer mit Gott ins Reine kommen will, bekommt Probleme mit sich.

Gott achtet nicht auf unsere Stellung, sondern auf unsere Einstellung.

Gott achtet nicht auf das, was wir einhalten, sondern auf unsere Haltung.

Gott spricht nie im Konjunktiv: müsste, könnte, sollte, wollte …

Gott ist ein Verb, weil er tut …

Wenn Gott alles segnet, worum er gebeten wird, macht er sich juristisch gesehen der Beihilfe schuldig. *Jean Genet*

Gott hilft spätestens rechtzeitig.

Gott gibt uns das, was wir brauchen, nicht das, was wir wollen.

Gott nimmt nicht die Lasten, sondern stärkt die Schultern. *Franz Grillparzer*

Wenn Gott dir ein Geschenk machen will, dann verpackt er es in ein Problem. *Norman Vincent Peale*

Gott gebe mir die Gelassenheit, Dinge hinzunehmen, die ich nicht ändern kann, den Mut, Dinge zu ändern, die ich ändern kann, und die Weisheit, das eine vom anderen zu unterscheiden.
Reinhold Niebuhr

Wenn Gott dir eine Tür zuschlägt, öffnet er dir ein Fenster.

Gott heilt jedes gebrochene Herz, wenn man ihm nur alle Teile übrig lässt.

Gott ist nicht an meinem geistlichen Leben interessiert, er ist an mir interessiert.

Gott will nicht meine Arbeit, er will mich.

Gott umgibt seine Kinder von allen Seiten. Auch von der schlechten.

Gott kann aus Mist Dünger machen.

Gott: der sich deiner erinnert, auch wenn du ihn vergisst. Der dir alles vergisst, wenn du dich seiner erinnerst.

Wie Gott mir, so ich dir.

Gott weiß alles. Der Mensch weiß alles besser.

Wenn du Gott lachen hören willst, dann erzähl ihm von deinen Plänen.

Gott gab dem Menschen zwei Ohren, aber nur einen Mund. Was er sich wohl dabei gedacht hat?

Gott hat dir dein Gesicht gegeben, lächeln musst du selbst.

Gott achtet mich, wenn ich arbeite, aber er liebt mich, wenn ich singe. *Rabindranath Tagore*

Menschen ohne Gott sind wie Schmetterlinge ohne Flügel.

Selbst wenn es dir gelingt, gottlos zu werden, so gelänge es dir doch nicht, Gott loszuwerden.

Gottlosigkeit heißt tun müssen, was man tun will.

Manche **Grußworte** mutieren zur modernen Form der Christenverfolgung.

Lieber Gott, lass die bösen Menschen gut werden und die guten ein bisschen netter.

Wer **Gutes** tut und darüber redet, will in die Zeitung. Wer Gutes tut und nicht darüber redet, in den Himmel.

Heiden sind daran zu erkennen, dass sie ihre religiösen Bedürfnisse im Wald verrichten.

Wir haben eine Heidenarbeit vor uns!

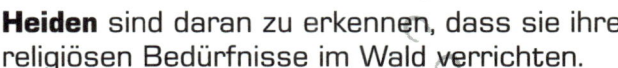

Es gibt Gottesdienste, die machen sogar Heiden Spaß.

Der **Heilige Geist** sagt abends manchmal: „Wenn du den Film zu Ende gucken willst, ich geh schon mal raus ...“

Ich möchte so sein, wie Gott mich haben will, weil er mich so liebt, als wäre ich es schon.

Vielbeschäftigung ist kein **Heiligungsmittel**.

Die meisten Forderungen, die Gott an Menschen stellt, sind **Heraus-Forderungen.**

Man kann Gott mit dem Verstand suchen, aber nur mit dem **Herzen** finden.

Eine schlichte Wasserlache möchte ich sein – und den **Himmel** spiegeln. *Dom Helder Camara*

Wenn sie nicht schlafen können, zählen sie keine Schafe, sprechen sie mit dem **Hirten!**

Jesus sagte zu Petrus: „Weide meine Schafe!", und nicht: „Melke oder schere sie." *Antonius von Padua*

Zu gut für die **Hölle,** aber zu schlecht für den Himmel.

Die Hölle ist ein Ort, wo niemand mehr auf eine Lösung hofft.

God made Adam & Eve not Adam & Steve.

Ich ge-**höre** Gott!

„Und – bist du schon **in** dich gegangen?" „Ja –
da war nix los!"

Israel bedeckt lediglich 0,015 % der Erdoberflä-
che, hat außer Wüste und vielen Steinen keine
Bodenschätze, beherrscht aber 10 % der Welt-
nachrichten.

J

Jesus möchte für dich eine ganz kleine Nummer
sein – die Nr. 1!

Wenn wir unter Jesus stehen, stehen wir über
den Dingen. Wenn wir uns über Jesus erheben,
geraten wir unter die Dinge.

Ein menschlicher Gott mit 5 Buchstaben?

Jesus ist ein heruntergekommener Gott.

Es ist ein Meis-
ter vom Himmel
gefallen, Jesus.

Jesus hat gefühlt wie ein
Mensch, aber gehandelt
wie ein Gott.

Für Jesus gibt
es keinen Ersatz. Die Auferstehung macht den
Unterschied.

Wem ich mein Leben anvertraue? Meinem DJ! Dem Jesus.

Jesus ist wie eine Oase in der Wüste, nur Kamele gehen vorbei.

Der Unterschied zwischen Jesus Inside und Intel Inside? Intel Inside gibt irgendwann den Geist auf.

Ich habe keine Probleme mit Jesus, nur ohne.

Jesus ist die Fülle, nicht die Hülle des Lebens.

Christus hat uns nicht vom Leid erlöst, sondern von der Verzweiflung.

Wenn du mir begegnest und mich wieder vergisst, hast du nichts verloren. Aber wenn du Jesus begegnest und ihn wieder vergisst, hast du alles verloren.

Ich habe nur einen Chef: Jesus! Alle anderen wurden mir vorgesetzt.

Jesus nahm nie an einer Beerdigung teil, die er nicht selber ausfallen ließ.

No Jesus, no peace – know Jesus, know peace.

Jesus schenkt mir eine ausgelassene Gelassenheit.

Jesus ist am Kreuz gestorben für unsere
Schuld, nicht für unsere Entschuldigungen und
Ausreden.

Besser zu Jesus als zu spät.

Jesus war oben
am Kreuz einsam.
Einsame Spitze!

> Ohne Jesus bist du
> lebendig tot.

Ohne Jesus ist alles Asche.

Jesus war kein Religionsstifter, sondern ein Be-
ziehungsstifter.

Oft kopiert, nie erreicht: Jesus.

Wir sind die „0" – Jesus ist die „1", und die gibt
den Wert an: 000 000 000 – 1 000 000 000.

Christus führt nicht hinters, sondern ins Licht.

Lieber Gott! Sind **Jungen** besser als Mädchen?
Ich weiß, du bist ein Junge, sei fair!

Überall wird man älter, nur bei Jesus wird man
Jünger.

Die einzige Möglichkeit, Jünger zu werden: Johannes 8, 31.

Guten **Jüngsten Tag** allerseits!

Ich möchte am Tag des Jüngsten Gerichts gerne zu den Unternehmern gehören und nicht zu den Unterlassern.

K

Nicht alle, die viel **Kaffee** trinken, machen einen erweckten Eindruck.

Es gibt keine steilere **Karriere**, als Kind Gottes zu werden.

Jedes **Kind** bringt die Botschaft mit sich, dass Gott die Menschheit noch nicht aufgegeben hat.
Rabindranath Tagore

Die **Kirche** zu erneuern ist etwa genauso schwierig, wie einen Friedhof umzubetten. Es mangelt an Mitarbeit von unten.

Die herrschende Kirchenleere kommt von der herrschenden Kirchenlehre.
Claus Harms

Eine Maus, die in einer Keksdose geboren ist, ist noch lange kein Keks. Ein Mensch, der in die Kirche geht, ist noch lange kein Christ!

In einer Gesellschaft, in der Golgatha für eine Zahncreme gehalten wird, kann die Kirche nicht auf Mission verzichten. *Louis-Ferdinand von Zobeltit*

Ist innerkirchlich gleich außerweltlich?

Die Kirche von heute gleicht einem Gebilde, dem gegenüber ein Froschlaich ein fester Körper ist.

Die meisten Menschen gehen viermal in ihrem Leben in die Kirche, und davon werden sie zweimal getragen.

Unser Pfarrer lässt die Kirche im Dorf. Dafür hat er das Dorf in der Kirche.

> Eine leere Kirche kann man nicht für voll nehmen.

Es ist besser, ein kleines Kirchenlicht zu sein als ein großer Armleuchter!

Was ist ein **Kleingläubiger?** Jemand, der um Regen bittet und das Haus ohne Regenschirm verlässt.

Jedes **Kreuz** ist ein DENK-MAL† (1. Korinther 1;18)

Die Kreuze im Leben des Menschen sind genau wie die Kreuze in der Musik: sie erhöhen ...
Ludwig van Beethoven

Am Kreuz ist der einzige Ort, wo Sperrmüll fachgerecht entsorgt wird.

Krisen sind Segnungen Gottes hinter einer hässlichen Fassade.

L

Liebe Gott, deinen Herrn, mit ganzem Herzen, und dann mach, was du willst!

GottesLiebehörtnichtaufundlässtsichdurchnichtsunterbrechen.

Manchmal liebt Gott durch Christen, manchmal auch trotz der Christen.

Gottes Liebe rostet nicht.

God's love is 2 fast 4 U.

Nichtskannunsvongottesliebetrennenrömerachtversachtunddreißig.

M

Satan sagt, lass die **Maske** nicht fallen, du verlierst dein Gesicht. Gott sagt, lass die Maske fallen, du hast mein Gesicht.

Machs wie Gott: Werde **Mensch**.

Schon viele Menschen wollten Götter sein, aber nur ein Gott wollte Mensch sein.

Nicht Schwarzer, nicht Weißer, nicht Mischling, sondern Mensch geworden ist Gottes Sohn. Hier liegt der Grund aller Verständigung. *Jürgen Jagelki*

Mission ist nicht die Aufgabe einer Gemeinde, sondern ihr Wesen.

Nach innen demütig – nach außen **mutig!**

N

Wo die **Nächstenliebe** nur darin besteht, nichts Böses zu tun, da ist sie von der Faulheit kaum zu unterscheiden. *Emil Gött*

Wenn die Natur Nächstenliebe lehrte, hätte der Justizminister schon längst alle Strafgefangenen zu Förstern gemacht.

Nehmen wir einmal an, Jesus lebt. Warum nehmen wir es nicht endlich an?

> Wer die **Nase** voll hat, dem geht der Mund über (frei nach Matthäus 12, 34).

O

Wie kommt es eigentlich, dass die Christen am Sonntag einen **Obdachlosen** verehren, aber die ganze Woche über nicht viel mit Obdachlosen zu tun haben?

Don't take your **organs** to heaven; heaven knows, we need them here.

Ostern ohne Jesus ist nicht das Gelbe vom Ei.

Weg mit dem Osterbrauch! Alles, was man zu Ostern braucht, ist die Vergebung der Schuld.

P

Paradies heißt fraglose Gemeinschaft mit Gott.

Gott halte unseren **Pastor** demütig, kurz halten wir ihn schon.

Pfingsten ist kein freier Tag, sondern ein Feiertag.

Pfingsten: Luftsprünge machen aus unserem Gestelze.

Predige das Evangelium, und falls nötig, benutze dafür Worte.
Franz von Assisi

Placebo-Christen nennt man die Menschen, die fleißig Kirchensteuer zahlen, sich kirchlich trauen und beerdigen lassen, aber nichts von Gott, Glaube und Kirche halten.

Es gibt Predigten zum Hinknien und Predigten zum Davonlaufen.

Wenn man im eigenen Lande nichts gilt, ist man nicht unbedingt ein **Prophet**.

P.S. (Praktizierender Sünder)

Lieber Gott, mach, dass die Vitamine in den **Pudding** kommen, die sonst immer im Spinat sind!

R

Die **Rätsel** Gottes sind befriedigender als die Antworten der Menschen. *G.K. Chesterton*

Die Stelle des **Retters** ist seit mehr als 2000 Jahren besetzt – und gar nicht mal so schlecht.

I believe in **Rock'n'Roll.** My feet are on the rock, and my name is on the roll.

S

Sind wir das **Salz** der Erde oder nur Kunstdünger?

In der **Sauna** kann man sehen, wie Gott Menschen schuf und McDonald's sie formte. *Eckart von Hirschhausen*

Das ist der **Schmerz** Gottes, dass er in die Welt, die er geschaffen hat, nicht hineinpasst.

Ohne den **Schöpfer** ist das Geschöpf bald erschöpft.

Lieber Gott, hilf mir, mein großes Maul zu halten, wenigstens so lange, bis ich weiß, was ich **sagen** soll!

Als **Seelsorger** bin ich Werkzeug, nicht Handwerker.

Der **Sinn** des Lebens: Gott lieben und die Welt gebrauchen. Leider machen wir es oft andersherum: Wir wollen die Welt lieben und Gott gebrauchen.

Wusstest du schon? Die Mailserver des Apostels Paulus hatten mit **Spam** zu kämpfen (Römer 16, 17a nach „Hoffnung für alle").

Vor Gott und einem **Stau** sind alle Menschen gleich. *Hellmuth Karasek*

Wenn du stirbst, bevor du stirbst, stirbst du nicht mehr, wenn du stirbst.

> Du musst **sterben**, bevor du lebst, damit du lebst, bevor du stirbst!
> *Hans Peter Royer*

Stell dir vor, du müsstest heute sterben, und Gott würde dich fragen: Warum soll ich dich zu mir lassen? Was würdest du ihm antworten?

Viele Leute wünschen sich, ruhig im Schlaf zu sterben. Wichtiger ist es aber, dass wir in den Armen Jesu aufwachen.

Kein **Stern** ist Gott Schnuppe. *Christina Brudereck*

T

Teufel, willst du mich fressen, fang hinten an.
Martin Luther

Was ist brutaler als der Teufel und größer als Gott? Nichts.

Wenn ein **Tor** fällt, richtet Gott ihn wieder auf.

Nach dem **Tod** fängt das Leben erst richtig an!

Trau dich! Aber kirchlich!

Tritt in Gottes Fußstapfen, er hat deine Schuh-größe.

U

U

Ein **unansehbarer** Gott ist unansehbar.

Es ist **unglaublich**, was die Menschen alles glau-ben, solange es nicht in der Bibel steht!

Es ist **unglaublich**, was Ungläubige alles glauben müssen, um ungläubig zu bleiben!

V

Vergebung ist kein Gefühl, sondern eine Entscheidung.

Die Welt lebt nicht davon, dass uns gelingt, was wir tun sollten, sondern dass Gott uns vergibt, was wir verdorben haben. *Alexander Pope*

Irren ist menschlich, aber Vergebung ist göttlich.

Das Einzige, was schwieriger ist als Vergebung, ist die Alternative.

Leben ist Zeichnen ohne Radiergummi. Leben mit Gott heißt, den Radiergummi in Anspruch nehmen zu können.

Wie auch wir vergessen unsern Schuldigern ...

Nicht alle unsere Wünsche, aber alle seine **Verheißungen** erfüllt Gott. *Dietrich Bonhoeffer*

Wo Christus wirklich gegenwärtig ist, da gibt es nicht Sieger und Besiegte, sondern nur **Versöhnte**. *Gertrud von Le Fort*

Der Teufel **versucht** uns nicht halb so oft, wie wir darauf hereinfallen.

In God we trust. All others pay cash. *Jean Shepherd*

W

Solange noch ein Kind in der **Welt** verhungert, ist jede Waffe, die hergestellt wird, eine Gotteslästerung.

Es gibt zwei Grundwahrheiten auf dieser Welt: 1. Es gibt keinen Gott. 2. Die Erde ist eine Scheibe.

Die Ware **Weihnacht** ist nicht die wahre Weihnacht. *Kurt Marti*

Es gibt keine Zeit die so besinnungslos ist wie die besinnliche Vorweihnachtszeit!

Die Welt ist ein Schweinestall, und in dem Stall ist Jesus geboren.

Heißt Weihnachten auf Wein achten? Aufgrund der vielen Glühweinstände könnte man den Eindruck haben.

Gott möchte zu Weihnachten keine Plätzchen, sondern die Plätze in unseren Herzen!

Wir haben eine **Weltanschauung**, aber keine Gottanschauung, nur eine Gotterfahrung.

Was du machst, **werten** Menschen. Was du bist, wertet Gott. *Margarete Seemann*

Hegotthenicodemusnewbornfeelingdowninmy-heart .

Wir **wissen** nicht, wohin ... Aber volle Kraft voraus!!

Nicht durch seine Wunder, sondern durch seine **Wunden** sind wir geheilt.

Es stimmt nicht, dass es keine **Wunder** mehr gibt. Wir haben höchstens beschlossen, keine mehr anzuerkennen. *Adolf Sommerauer*

Wunder stehen nicht im Gegensatz zur Natur, sondern nur im Gegensatz zu dem, was wir über die Natur wissen. *Augustinus*

Wer glaubt, erlebt Wunder – nicht wer Wunder erlebt, glaubt.

Wer nicht an Wunder glaubt, ist kein Realist.
David Ben Gurion

Y

Yoga ist eine asiatische Methode der Meditation, um die Seele vom Diesseitigen zu lösen. Die Ungerechtigkeit in dieser Welt erfordert aber himmlische Methoden, um die Seele in das Diesseitige einzubringen.

Z

Auf der ganzen Welt gibt es etwa 40 Millionen Gesetze, und das nur, um den **Zehn Geboten** Geltung zu verschaffen.

Wir beten: „Meine **Zeit** steht in deinen Händen." Dabei hängt sie an unserem Handgelenk.

> Die Zehn Gebote Gottes sind deshalb so klar und verständlich, weil sie ohne Mitwirkung einer Sachverständigenkommission zustande gekommen sind.
> *Charles de Gaulle*

Alle **Zeugnisse** sind Spiegel unserer Leistung. Nur Gottes Zeugnis ist anders: Gottes Zeugnis ist Spiegel seiner Liebe.

Bewahre uns Gott davor, **zufrieden** zu sein mit dem, was wir nicht falsch gemacht haben!

Jeder Heilige hat eine Vergangenheit und jeder Sünder hat eine **Zukunft.** *Oscar Wilde*

Von wegen – No Future!

Merk-Würdigkeiten

Paradox ist, wenn ...

... ein Antialkoholiker eine Schnapsidee hat.

... Hamburger Berliner essen und umgekehrt.

... eine Birne zum Zankapfel wird.

... ein Chirurg von seinem Patienten geschnitten wird.

... man sich des Faulenzens befleißigt.

... einem Kahlköpfigen die Haare zu Berge stehen.

... ein Kalb einen Ochsen anstiert.

... ein Kapitän einen Steuerberater braucht.

... ein Kurzsichtiger weitblickend ist.

... ein unmusikalischer Mensch tonangebend ist.

... ein blinder Passagier die Bordzeitung liest.

... ein Pianist auf dem letzten Loch pfeift.

... ein Rechtsanwalt sagt: „Mir geht es gut, ich kann nicht klagen."

... wenn jemand ein eingefleischter Vegetarier ist.

... ein Vegetarier Schwein hat.

✦ **Wussten Sie schon ...**

... dass Bankangestellte den ganzen Tag in einer Scheinwelt leben?

... dass auch Dünne sich dicketun und Dicke sich dünnemachen können?

... dass Elektriker auch fassungslos sein können?

... dass Enkelkinder die dritte Generation sind, deren Erziehung von der zweiten der ersten überlassen wird?

... dass viele ihren Fernseher einschalten, um abzuschalten?

... dass Fische nichts gegen Schuppen tun können?

... dass Glühbirnen sehr leicht aus der Fassung zu bringen sind?

... dass die Nase das seltsamste Organ des Menschen ist? Sie hat die Wurzel oben, die Flügel unten und den Rücken vorn.

... dass ein Psychiater Leid mit Freud vertreibt?

... dass kein Anlass dazu besteht, eine Putzfrau zu entlassen, bloß weil sie regelmäßig was abstaubt?

... dass Schnecken ganz aus dem Häuschen sind, wenn sie verspeist werden?

... dass Teigwaren Teigwaren heißen, weil Teigwaren Teig waren?

🎺 Tierisches

Ein Bärenfell stammt vom Bär. Und eine Pudelmütze?

Was kommt nach Elch? Zwölch.

Wenn sich einer nie wäscht, ist der dann ein Energiesparschwein?

Wenn Esel keine Brücken bauen können, warum baut man dann Eselsbrücken?

Warum haben Fische Schuppen? Damit sie ihr Fahrrad unterstellen können.

Was sind die letzten Worte einer Giftschlange? Mist, jetzt hab ich mir auf die Zunge gebissen.

Ist das Rücklicht eines Hais ein Hailight?

Wenn Hasenpfoten Glück bringen, hat der Hase dann auch Glück gehabt?

Tischdecken liegen auf dem Tisch. Und Hundedecken liegen auf dem Hund?

Ein Schoßhund sitzt auf dem Schoß. Und ein Schäferhund?

Verbittert ist der Kakadu, sagt man zu ihm: „Du Kacker, du."

Wie nennt eine Katze eine Maus mit Rollschuhen? Essen auf Rädern.

Lieber Muskelkater als Katzenjammer.

Zigarettenkonzerne sind wie Katzen – sie setzen ihre Marke.

MERK-WÜRDIGKEITEN

Weißt du, wie lange Krokodile leben? Genauso wie kurze!

Eine Kuh macht Muh, viele Kühe machen Mühe.

Wonach suchte der Mensch eigentlich, als er entdeckte, dass Kühe Milch geben?

Was hört man, wenn man sich einen Döner ans Ohr hält? Das Schweigen der Lämmer.

Ist ein Cowboy, der sein Pferd verloren hat, ein Sattelschlepper?

Reitet ein Cowboy zum Friseur. Kommt er wieder raus: Pony weg!

Ein Pferd ohne einen Reiter ist immer noch ein Pferd. Aber ein Reiter ohne Pferd ist nur ein Mensch!

Was ist dick und steht am Kopierer? Ein Praktifant.

Rentiert sich eigentlich die Haltung einer Rentier-Herde?

Was zählen eigentlich Schafe, wenn sie nicht schlafen können?

Was haben Schmetterlinge im Bauch, wenn sie verliebt sind?

Die Schweine von heute sind die Koteletts von morgen.

Bei „Unruheherden" handelt es sich nicht, wie Sie vielleicht meinen, um nervöse Tierfamilien, sondern vielmehr um wacklige Kochstellen.

Wer nur meckert, hätte auch als Ziege auf die Welt kommen können.

Ein Abteilungsleiter leitet eine Abteilung.
Ein Zitronenfalter faltet eine Zitrone?

MERK-WÜRDIGKEITEN

Wer, wie, was, warum?

Wie nennt man ein eisenhaltiges Abführmittel?
Handschellen.

Ist ein Alleinunterhalter jemand, der Selbstgespräche führt?

 Hustensaft ist gegen Husten. Apfelsaft ist gegen Apfel?

Muss ein Architekt ein Fundamentalist sein?

Wie heißt ein Spanier ohne Auto? Carlos.

Was machen Fahrer von Automatikwagen in einem Schaltjahr?

„Haben Sie ein Bad genommen?" – „Wie, fehlt eins?"

Wie soll sich ein Bauer verhalten, wenn seine Frau sagt: Sieh zu, dass du Land gewinnst?

Malerarbeiten werden vom Maler gemacht, Tische vom Tischler und Betten von Bettlern?

Ist die Börse scheinheilig?

Wenn die Welt eine Bühne ist, wo sitzt dann das Publikum?

Die Feuerwehr wehrt dem Feuer und die Bundeswehr wehrt dem Bund?

Wie heißt ein Busfahrer, der durch die Wüste in Ägypten fährt? Busfahraro?

Was macht ein Clown im Büro? Faxen.

Gibt es herrenlose Damenfahrräder?

Mit welcher Geschwindigkeit breitet sich das Dunkel aus?

MERK-WÜRDIGKEITEN

Warum heißt „Dusch Das" nicht „Dusch Dich"?

Warum ist einsilbig dreisilbig?

Warum albert Einstein?

Aus welchem Material ist eine Holz-Eisenbahn?

Bayern sprechen bayrisch,
Sachsen sächsisch und Engel englisch?

Was ist das Gegenteil von Fantasie? Ganz klar:
Cola-du!

Kann eine Frau übermannt werden?

Was ist das Gegenteil von Frühlingserwachen?
Spätrechtseinschlafen!

Wie nennt man das, wenn Frauen früh einkaufen
gehen? Frühshoppen!

Haben Glatzköpfe auch mal eine Glückssträhne?

Gibt es Güterzüge mit Gütertrennung?

Welche Handwerker essen am meisten? Maurer.
Die verputzen ganze Häuser.

Was ist ein Haus mit drei Seiten? Einwandfrei.

Heißt das Gegenteil von Herberge Damentäler?

Können herzlose Menschen einen Herzinfarkt
bekommen?

Sind Menschen, die in Sekten sind, Insekten?

Was meinst du als Unbeteiligter eigentlich zum
Thema „Intelligenz"?

Wenn man Kaffee auf die Tischdecke schüttet,
nennt man das dann Deckenfluter?

Was ist ein Keks unter einem Baum? Ein schattiges Plätzchen.

Treffen sich zwei Kerzen. Sagt die eine: „Was machst du heute Abend?" Darauf die andere: „Ich gehe aus."

Ist das Wort „Ladenhüter" ein anderes Wort für Verkäufer?

Ist die Steigerung von Lehrgang Leerlauf?

Leibniz geht mir auf den Keks.

Woran litt Barski?

Wie nennt man einen Bürger aus Lüneburg, der aus der Kirche ausgetreten ist? Ein Lüneburger Heide.

Ein Rasenmäher mäht den Rasen, ein Mähdrescher drischt das Mäh?

Macht man den Meeresspiegel kaputt, wenn man in See sticht?

Ist die Muttersprache auch für Väter bindend?

Welches Shampoo hilft gegen Nikoläuse?

Wenn der Ölpreis steigt, wird dann auch der Salat beim Italiener teurer?

Wer im Park randaliert, bekommt der Parkverbot?

Was macht ein Pirat am Computer? Er drückt die Enter-Taste.

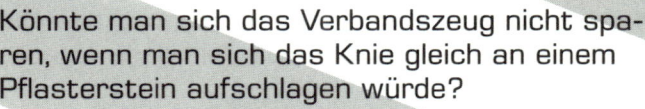

Könnte man sich das Verbandszeug nicht sparen, wenn man sich das Knie gleich an einem Pflasterstein aufschlagen würde?

Sind die Mitarbeiter eines Radiosenders radioaktiv?

Kaufen Kettenraucher beim Juwelier ein?

Gibt es bei Suchtberatungen Raucherpausen?

Warum heißt der Reichstag eigentlich nicht Schuldenturm?

Die Pfälzer in die Pfalz, die Saarländer in die Saar?

Welche Sprache wird in der Sauna gesprochen? Schwitzerdeutsch.

Wird ein Bürger eines Landes, der in den Krieg zieht, ein Schießbürger?

Wenn Schuhgeschäfte über schlechte Absätze klagen, welche Absätze meinen sie dann eigentlich?

Ist der Begriff „Selbsthilfegruppe" nicht widersinnig?

Wie weit darf eigentlich ein Skiflieger fliegen
ohne Flugschein?

Wie nennt man einen Spekulatius noch? Börsen-
keks.

Was liegt am Strand und hat einen Sprachfeh-
ler? Eine Nuschel.

Warum sagt man zur Bundeswehr, der es doch
um Frieden geht, auch Streitkräfte?

Kommen kleine Leute nach einer Steuererhö-
hung noch ans Lenkrad?

Im Supermarkt: „1 Kilo Tomaten bitte." „Normal
oder mit Geschmack?"

Was essen Supermodels, wenn es mal schnell
gehen muss? Ein Laufsteak.

Beim Handball spielt man den Ball mit der Hand.
Und beim Tischfußball mit dem Tisch?

MERK-WÜRDIGKEITEN

Können sich Eltern, die sich mit ihrer Tochter verkracht haben, irgendwann mit ihr aussöhnen?

Heißt Tomatenmark jetzt Tomateneuro?

Kann man sich mehr als zwei Mal halbtot lachen?

Wie kann man von etwas träumen, das einem schlaflose Nächte verursacht?

Ist ein Oberförster aus Oberammergau im hohen Alter von 85 Jahren, der auf einem Hochsitz sitzt, überheblich?

Sind Uhren nicht irgendwann beleidigt, wenn man sie immer aufzieht?

Wenn ein Kind verschiedene Väter hat, nennt er den aktuellen dann seinen Lebensabschnitts-papa?

Darf eine Mutter auch ins Vaterland zurück?

Kann man sich den Arztbesuch sparen, wenn man gleich in der Telefonzentrale verbunden wird?

Warum bin ich noch da, wenn ich mich verschlucke?

Was ist eine leere Vollmilchtüte?

Versicherungsvertreter verkaufen Versicherungen, Staubsaugervertreter verkaufen Staubsauger. Volksvertreter verkaufen das Volk?

Wenn jemand vor mir sitzt, kann der auch hinter mir stehen?

Darf man in einem Weinkeller auch mal lachen?

Ist ein Wintereinbruch strafbar?

Zwei Würfel treffen sich, fragt der eine: „Kann ich dich mal unter vier Augen sprechen?"

Dürfen auch Frauen in einem Dreimannzelt schlafen?

Ist ein Mann, der die Türe zuhält, ein Zuhälter?

Führen Zwillinge ein Doppelleben?

📣 Rätsel des Alltags

Hatten Adam und Eva einen Nabel?

Wenn Schwimmen schlank macht, was machen Blauwale dann falsch?

Wie werde ich, nachdem ich mir einen neuen Bumerang gekauft habe, den alten los?

Warum bekommt der Buntspecht keine Gehirnerschütterung?

Warum ordern Menschen einen Big Mac, eine große Portion Pommes und eine Cola light?

Schwimmt eine Ente mit einer Flosse im Kreis?

Haben blinde Eskimos Blinden-Schlittenhunde?

Warum sind in Ferienwohnungen mit sechs Betten immer nur drei Handtuchhalter?

Warum drückt man fester auf die Tasten der
Fernbedienung, wenn die Batterien fast leer
sind?

Wenn die Black Box eines Flugzeugs unzerstör-
bar ist, warum baut man nicht das gesamte
Flugzeug aus dem gleichen Material?

Warum trinkt man im Flugzeug immer
Tomatensaft?

Wenn man in einem Flugzeug säße, das mit
Lichtgeschwindigkeit fliegt, was würde passieren,
wenn man die Scheinwerfer einschaltet?

Warum gibt es in Flugzeugen Schwimmwesten statt Fallschirme?

Warum braucht man eigentlich einen Termin bei einem Hellseher?

Wer hat das Hundefutter „mit verbessertem Geschmack" getestet?

Warum heißen Kanarienvögel nie „Hasso"?

Ein Butterbrot landet immer auf der Butterseite. Eine Katze landet immer auf den Pfoten. Was passiert, wenn man einer Katze Butter auf den Rücken schmiert?

Wenn Superkleber überall klebt – warum nicht auf der Innenseite der Tube?

Überfall bei McDonald's: „Die Kasse her, aber schnell!" „Zum Mitnehmen?"

Warum hat Noah die beiden Mücken nicht er-
schlagen?

Warum trägt ein Kamikaze-Pilot einen Helm?

Warum sind Pizza-Schachteln eckig?

Warum wird einem eine Pizza schneller geliefert,
als ein Krankenwagen kommt?

Warum klebt das Preisschild immer genau da, wo
die wichtigsten Informationen stehen?

Wie kommen die „Betreten verboten"-Schilder in
die Mitte des Rasens?

Wie sorgt man dafür, dass Rehe tatsächlich bei
den Verkehrszeichen die Straße überqueren?

Warum muss der Deckel von einem Sarg zuge-
nagelt werden?

Warum ist auf Sauerrahmbechern eigentlich ein Verfallsdatum?

Warum schrumpfen Schafe nicht, wenn es regnet?

Wenn ein Schizophrener mit Selbstmord droht, kann er wegen Geiselnahme verurteilt werden?

Wie kommt ein Schneepflugfahrer morgens zur Arbeit?

Wie packt man Styroporkügelchen ein, wenn man sie verschickt?

Gibt's ein anderes Wort für Synonym?

Wieso hat eine 24-Stunden-Tankstelle Türschlösser?

Warum hat Tarzan keinen Bart?

Bekommt man Geld zurück, wenn das Taxi rückwärtsfährt?

Wenn nichts an Teflon haftet, wieso haftet es an der Pfanne?

Eine Thermoskanne hält im Winter warm und im Sommer kalt. Doch woher weiß sie, wann Sommer und wann Winter ist?

Wie merkt man, dass unsichtbare Tinte aus ist?

Woran starb das Tote Meer?

Ist man länger tot, wenn man früher stirbt?

Wenn das Universum alles ist und sich ausdehnt, wo dehnt es sich dann rein?

Warum ist nie besetzt, wenn man sich aus Versehen verwählt?

Warum feiern wir immer dann Weihnachten, wenn die Geschäfte so voll sind?

Warum können Frauen keine Wimperntusche auftragen mit geschlossenem Mund?

Warum muss man um Windows zu schließen das Startprogramm benutzen?

Woher weiß man, wenn im Wörterbuch ein Wort falsch steht?

Wieso passiert immer genau so viel, wie in die Zeitung passt?

Welche Zeitzone herrscht am Nordpol?

Bauernregeln

Kommt Januar vor Februar, wird das Jahr, wie's immer war!

Steht im Winter noch das Korn, ist es wohl vergessen worn.

Wenn morgens früh der Wecker rasselt,
ist der schönste Tag vermasselt.

Das macht den Bauern gar nicht froh, wenn's
regnet in sein Cabrio.

Weil der Bauer ständig döst, bleibt XY ungelöst!

Steht der Bauer im Gemüse, hat er später grü-
ne Füße.

Ist dem Bauern kühl am Schuh, steht er in der
Gefriertruh.

Wenn es in die Suppe hagelt, ist das Dach wohl
schlecht genagelt.

Dreht der Hahn sich auf dem Grill, macht das
Wetter, was es will.

Der Bauer macht aus Ferkeln Säue, so was
nennt man Bauernschläue.

Sitzt das Ferkel einsam im Mist, der Bauer in
der Kneipe ist.

Im Wald da rauscht der Wasserfall, hört's Rau-
schen auf, ist's Wasser all.

Verliert der Bauer im August die Hose, war der
Gummi im Juli schon lose.

Der Hofhund, der die Hühner frisst, ein hundsge-
meines Haustier ist.

Jagt der Bulle Bauers Kater, muss das Vieh bald
zum Psychiater.

Rüttelt der Orkan am Haus, hänge keine Wäsche
raus.

Pennt der Bauer auf dem Trecker, vergaß er seinen Reisewecker.

Trinkt der Bauer und fährt Traktor, wird er zum
Gefahrenfaktor!

Sind die Hühner platt wie'n Teller, war der Traktor wieder schneller.

Sind des Schäfchens Locken braun, lehnt es am
Elektrozaun. Und wenn es mit den Augen rollt,
sagt es laut: Zu viel Volt!

Steh'n im Sommer schlecht die Bohnen, gibt's im
Winter Subventionen.

Soll die Kälbermast sich lohnen, greift der Bauer
zu Hormonen.

Hat der Melker kalte Finger, wird die Kuh
zum Stabhochspringer.

Kommt die Milch in Würfeln raus, fiel im Stall die
Heizung aus!

Ist die Viehzucht aufgegeben, heißt es von Touristen leben.

Wenn's im Dezember stürmt und schneit, ist der Winter nicht mehr weit.

Wenn's an Silvester stürmt und schneit, ist Neujahr nicht mehr weit.

Stürmt und schneits Silvester nicht, ist das Neujahr doch in Sicht.

Ist im Fernseh'n Wiederholungszeit, ist der Sommer nicht mehr weit.

Fundsachen

An laufenden Motoren werden keine Reparaturarbeiten durchgeführt.

Aufkleber an einer chemischen Reinigung: „Wir nehmen jetzt auch Lebensmittel an."

Schild in einer indischen Wirtschaft: „Toiletten am Ende des Ganges."

Werbung in der Zeitung: „Top-Aquarien! Auslaufmodelle."

Aufkleber an einem LKW: „Bis wir Äpfel per E-Mail verschicken, müssen wir die Straße leider noch mit Ihnen teilen."

Schlagzeile: „Polizeibeamtin überredet Lebensmüden zum Aufgeben."

Versicherungsschaden: „Der Hund beschnüffelte mich. Ohne ein Wort zu sagen, biss er mir ins Bein."

Aufkleber an einem LKW: „Hinter mir möcht' ich auch nicht herfahren."

Schlagzeile: „Fahrraddiebstähle wurden zur Hauptbeschäftigung der Polizei."

Schriftliche Aussage: „Ich brauche keine Haftpflichtversicherung, da ich derzeit in Haft bin."

Schild in einem Krankenhaus: „Neugeborene – bitte läuten!"

Anzeige: „Fußpflegeinstitut lädt ein zu Schnuppertagen!"

Beweisführung bei Gericht: „Ich lege einen Glassplitter bei, an dem Sie sehen können, dass das Fenster kaputt ist."

Schild an einer Hauswand: „Parkplätze nur für Behinderte von Telekom."

Werbung: „Jeden Dienstag Steaks 1 € billiger. Ruhetag: Dienstag."

Anzeige: „Chirurgische Klinik sucht Näherin zur Aushilfe."

Bedienungsanleitung für einen Kinderwagen:
„Vor dem Zusammenklappen nehmen Sie Ihr Kind
selbstverständlich heraus."

Schild am Zooeingang: „Wir füttern unsere Tiere
ausreichend. Ihr mitgebrachtes Futter ist Gift.
Geben Sie es dem Tierpfleger!"

Anzeige: „Zu verkaufen: Gebrauchter Weih-
nachtsbaum, nur ein Mal drunter gesungen."

Eine Postkarte kam nach 36 Jahren an. Beige-
legtes Schreiben: „Aufgrund der verspäteten
Zustellung wird auf Nachporto verzichtet."

Aufkleber an einem Aschenbecher: „Wir geben
ihrer Kippe ein Zuhause ..."

Anzeige: „Zimmermädchen gesucht – evtl. auch
männlich."

Werbung für eine Pistole: „Mit Ausschuss nach
vorn."

Unfallbericht: „Ein Hase rannte in selbstmörderischer Absicht vor mein Auto und nahm sich an meinem linken hinteren Kotflügel das Leben."

Unfallbericht: „Mein Mann knallte mit dem Kopf durch die Windschutzscheibe. Sie zerbrach. Weiterer Schaden entstand nicht."

Unfallbericht: „Ich musste in den vorderen reinfahren, weil sonst der hintere in mich reingefahren wäre."

Unfallbericht: „An dem Unfall konnte ich deswegen keine Schuld haben, da meine Großmutter neben mir saß, die mich auf die Gefahr aufmerksam machte, indem sie mir rechtzeitig mit dem Regenschirm auf den Kopf schlug."

Unfallbericht: „Ich habe die Frau nicht umgerannt. Ich bin an ihr vorbeigelaufen, und durch den Luftzug ist sie umgefallen."

Ausrede im Unfallbericht: „Ich bin nur so schnell gefahren, damit mein Wagen nach dem Waschen schnell wieder trocken wird."

Unfallbericht: „Ich fuhr gegen einen Laternen-
mast, den man nicht sah, da er durch einige
Fußgänger verdeckt war."

Unfallbericht: „Schon bevor ich die alte Dame
anfuhr, wusste ich, dass sie die andere Straßen-
seite nie erreichen würde."

Unfallhergang: „Ich hatte den Wagen voller Pflan-
zen. Als ich die Kreuzung erreichte, wuchs plötzlich ein Busch so schnell in mein Blickfeld, dass
ich den anderen Wagen nicht sehen konnte."

Unfallbericht: „Zwischen meinem ersten und
zweiten Unfall bin ich nachweislich unfallfrei gefahren."

🎺 Und zum Schluss ...

Abraham sagt zu Bebraham: „Gut, dass wir kein
Zebra ham."

Alkohol ist keine Antwort, aber man vergisst
beim Trinken die Frage.

Auch Arme haben Beine.

„Hat dir schon mal jemand gesagt, dass du gut aussiehst?" „Nein." „Wird auch keiner!"

Ein Bankräuber zu den Bankkunden: „Handy hoch!"

Ich weiß gar nicht, was die Leute gegen Beamte haben. Die tun doch gar nichts!

Ein Bergmann hat sich jetzt bekehrt; er arbeitet jetzt im Christ-Stollen.

Karin arbeitet als Bibliothe-Karin.

Sagt ein Einbeiniger zum Blinden: „Dir tret ich gleich in den Hintern!" Sagt der Blinde: „Das will ich sehen!"

Ein Weltmeister im Boxen, der sich als unge-schlagen ausgibt, hat garantiert gelogen!

Eine Computer-Messe ist kein Gottesdienst für
Angestellte im Computerbereich.

Nur Flaschen trinken aus Dosen.

Der gute Rat: Versuch nie, eine Drehtür zuzu-
schlagen!

Ich nehme schon zu, wenn ich nur das Fettge-
druckte in der Zeitung lese.

Aus mancher Frau wird ein Muttiplikator.

Meinen Sie ja nicht, dass Sie mich mit Ihren
Fremdwörtern imprägnieren können!

Wer gackert, muss auch ein Ei legen.

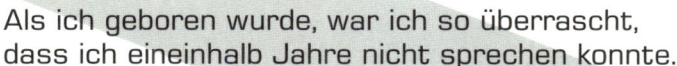

Als ich geboren wurde, war ich so überrascht,
dass ich eineinhalb Jahre nicht sprechen konnte.

Es heißt Geh-Hirn, nicht Steh-Hirn.

Man sollte schon deshalb kein langes Gesicht machen, weil man dann mehr zu rasieren hat.

Die einzigen Gesichtspunkte, die ich noch in meinem Leben habe, sind meine Sommersprossen.

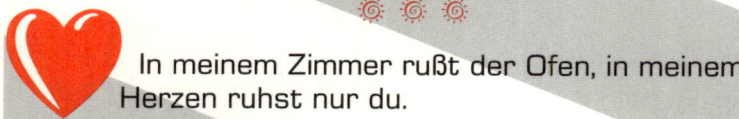

In meinem Zimmer rußt der Ofen, in meinem Herzen ruhst nur du.

Manche Leute haben einen trockenen Humor, trotz feuchter Aussprache.

Kurt isst gern Jo-Ghurt.

Wer Lautsprecher leise macht, hat den Sinn von Lautsprechern nicht verstanden.

Fließt die Lava den Berg herab – hau ab!

Es gehört sehr viel Stehvermögen dazu, bei bestimmten Liedern sitzen zu bleiben.

Komisch: Alle Menschen holen Luft, obwohl noch genügend da ist.

Neulich ist jemand über eine Magerstufe gestolpert.

Unterhalten sich zwei Magnete, da sagt der eine: „Du, ich weiß gar nicht, was ich heute anziehen soll!"

Sie missunterschätzen mich!

Der größte Nachteil an der Mode ist, dass der Kopf oben rausguckt.

Nägelkauen ist heilbar – man muss nur die Bilder höher hängen!

„Mein Name ist Kurz." „Meiner auch, ich heiße Lang."

In der Nase zu bohren ist für manche die einzige Art, in sich zu gehen.

Lieber Rosinen im Kopf als Haare im Kuchen.

Kommen Sie in unseren Schützenverein, da können Sie Freunde treffen!

Spar-Tipp: Packen Sie Ihr Geschirr auf den Dachgepäckträger, und fahren Sie damit in die Autowaschanlage.

Ich wollte gerade Spider-Man auf dem Handy anrufen, aber er hatte kein Netz.

Manche Leute gehen nie zum Tag der Offenen Tür, weil sie Angst haben, sich zu erkälten.

Gehen Sie auf Toilette, wenn Sie können, und nicht, wenn Sie müssen, denn wenn Sie müssen, dann können Sie nicht mehr.

Eines Tages wacht man auf und ist tot.

Umweltschützer erkennt man daran, dass sie ihre Busfahrkarte nicht wegwerfen, sondern mehrfach benutzen.

„Verzeihen Sie, ich suche den Bahnhof." „Ich verzeihe Ihnen, suchen Sie ruhig!"

Auf jedes Wasserhuhn kommen in Deutschland statistisch mehr als 3000 Wasserhähne.

Ich habe gestern bei den WeightWatchers angerufen. Hat keiner abgenommen.

Bevor wir den morgigen Wetterbericht bringen, möchten wir den heutigen korrigieren und den gestrigen entschuldigen.

Wintertipp: Iss keinen gelben Schnee.

Ist es nicht paradox, dass ein Zahnarzt seine Patienten nie zu Wort kommen lässt, obwohl er Sprechstunde abhält?

Arno Backhaus kann man übrigens auch einladen

- ⮑ zu einem Familien-Spiele-Nachmittag mit Liedern, Spielen, Quiz und Überraschungen rund um die Bibel (ab 10 Jahren)
- ⮑ zu einem Vortrag für Paartreffen oder Frühstückstreffen für Männer oder/und Frauen
- ⮑ Eheseminar mit seiner Frau
- ⮑ zu einem Konzert unter dem Motto „Lieder, Texte & Persönliches – zum Überlegen und Totlachen"
- ⮑ zu einem Gebetskonzert mit viel Stille und Hören auf Gott
- ⮑ zu einer „Kinder-Überraschung" mit Spiel, Spaß & Gags (ab 7 Jahren/mit und ohne Erwachsene)
- ⮑ zu einem Seminar „E-fung-gelisation" (missonarischer Lebensstil & Gesprächsschulung)
- ⮑ zu einer „Laugh-Parade" mit viel Klamauk, Gags, Witzen, Songs und Volkstanz

Kontakt: Arno Backhaus
Hauptstraße 13 · 34379 Calden (bei Kassel)
Tel. 05677/1343 · Fax 05677/528
bauchladen@arno-backhaus-de
www.arno-backhaus.de

Arnos Medien-Parade

Pb., 128 S.
ISBN 978-3-86506-236-9

Pb., 128 S.
ISBN 978-3-86506-237-6

Pb., 144 S.
ISBN 978-3-86506-235-2

Pb., 192 S.
ISBN 978-3-86506-034-1

Geb., 160 S.
ISBN 978-3-86506-326-7

Pb., 448 S.
ISBN 978-3-86506-257-4

Pb., 160 S.
ISBN 978-3-86506-286-4

1 CD, ca. 76 Min.
ISBN 978-3-86506-209-3